AYURVEDA MEETS **LANDHAUSKÜCHE**

Eva Koppensteiner

AYURVEDA
MEETS LANDHAUSKÜCHE

Mit einem Vorwort von Kerstin Rosenberg

maudrich

VORWORT

Ayurveda, die traditionelle Heilkunde Indiens, ist für seine gesunde und wohlschmeckende Ernährung bekannt. Aus einer großen Vielfalt von Nahrungsmitteln werden nach ayurvedischen Regeln bekömmliche Speisen zubereitet, welche die individuellen Bedürfnisse der unterschiedlichen Konstitutions- und Stoffwechseltypen berücksichtigen und im Krankheitsfalle den Heilungsprozess unterstützen. Dazu bevorzugt die Ayurveda-Küche verdauungsstärkende Gewürze und schonende Zubereitungsformen, die Körper und Geist mit Vitalität, Kraft und Stabilität versorgen.

Wer nun aber denkt, die ayurvedische Ernährung sei eine Art indisch-vegetarische Diät, der wird mit diesem Kochbuch eines Besseren belehrt. Denn hier verbinden sich Ayurveda und Landhausküche auf ganz wunderbare Weise.
Zu verdanken haben wir dies Eva Koppensteiners langjähriger Erfahrung als Köchin, gepaart mit einem tiefen Verständnis gesunder Ernährung, das sie sich als qualifizierte Ayurveda-Ernährungs- und Gesundheitsberaterin erworben hat. Damit berücksichtigen die Rezepte ganz nach

ayurvedischer Tradition die regionalen und saisonalen Aspekte Desha und Kala und bilden so eine Synthese aus authentischer Ayurveda-Küche mit heimischer Esskultur.

Nach meinem persönlichen Geschmack ist dieses Kochbuch eine besondere Bereicherung für die abwechslungsreiche und bodenständige Familienküche. Vom Kind bis zu den Großeltern finden hier alle Generationen neue Lieblingsspeisen, die Gesundheit und Genuss nach ayurvedischer Kochkunst in sich vereinen.

Ich wünsche Ihnen viel Freude und gutes Gelingen mit der Ayurveda-Landhausküche.

Ihre Kerstin Rosenberg

Ayurveda-Expertin, Buchautorin und
Direktorin der Europäischen Akademie für
Ayurveda mit angeschlossenem Kurzentrum

WIE ES ZU DIESEM BUCH GEKOMMEN IST …

Von Ayurveda gehört oder in Zeitschriften darüber gelesen haben schon viele Menschen, meist wird es mit Massageanwendungen in Hotels und Gesundheitszentren verbunden. Auch ich bin erst über die herrlichen Massagen dazugekommen. Ich hatte keinerlei Ahnung von Ayurveda, aber weil mir die Homepage einer Finca auf Mallorca so gut gefiel, dachte ich mir, da fahre ich doch glatt eine Woche zur Entspannung hin.

Als mir die Therapeutin dann sagte, morgen am Vormittag legen wir los und ich bekomme sogar ein eigenes Frühstück – gekochten Getreidebrei mit Obst –, ist mir fast die Kinnlade runtergeklappt. Vielleicht hätte ich mich doch vorher ein wenig schlau machen sollen, was mich außer Massagen noch erwartet. Aber alles hat köstlich geschmeckt und ich bemerkte, dass das Frühstück sehr lange anhielt und ich mittags mit etwas frischem Obst vollends zufrieden war. Im Ayurveda wird normalerweise das Mittagessen als wichtigste Mahlzeit angesehen, auf Mallorca waren wir jedoch um die Mittagszeit meist unterwegs auf Ausflügen oder Wanderungen, sodass die Hauptmahlzeit abends eingenommen wurde. Auch das hat gut funktioniert – und ich hatte gleich eine wichtige Lektion erlernt: sich nicht von Regeln einengen zu lassen, sondern sie ganz persönlich und zur Situation passend zu interpretieren. Abends gab es dann jeden Tag ein vegetarisches Essen, ich erinnere mich noch gut an das erste Gericht: mit Gemüse gefüllte Zucchini, worauf ich mich so richtig gefreut habe. Ich glaube, ich hatte mich vorher noch nie eine ganze Woche lang vegetarisch ernährt. Obwohl: Der San-Daniele-Schinken, die Chorizo, der Käse und das frische Brot, das die „normalen" Gäste bekamen, haben mich schon angelacht, das gebe ich zu. Doch ich bin standfest geblieben. Der „Lohn" für meine neu erlernte Art der Ernährung war Energie ohne Ende, ein ganz klarer Kopf und Geist, ich war fokussierter, ruhiger und ausgeglichener.

Mit diesem Buch und den Rezepten möchte ich Ihnen die Scheu vor Ayurveda nehmen. Ayurveda hat zwar seinen Ursprung in Indien, es heißt jedoch nicht, dass wir nun nur noch indisch essen und zu Vollzeit-Vegetariern werden sollen. Es liegt ein großer Schatz darin verborgen, allein wenn ich nur an die Gewürze denke, von denen bereits kleine Mengen ganze Berge versetzen können. Oder wenn man im Hinterkopf behält, welche Speisen gut zu kombinieren sind und welche sich nicht so recht vertragen. Es hört sich vielleicht am Anfang kompliziert an und ist ungewohnt, aber keine Sorge, es wird nichts so heiß gegessen wie gekocht. Ich möchte niemanden belehren oder Ihnen etwas vorschreiben, ich möchte Sie einladen, ein wenig über den Tellerrand zu blicken und zu entdecken, was es gibt. Machen Sie sich keinen unnötigen Stress. Gehen Sie ganz entspannt an alles heran. Und wenn Ihnen das eine oder andere oder alles zusagt und Sie es interessant finden, dann integrieren Sie es in Ihr Leben – und wenn nicht, dann nicht.

Meine Stärke ist einfach das Kochen – oder sollte ich schreiben „das einfache Kochen"? Es geht mir darum, mit heimischen Lebensmitteln, die wir saisonal zur Verfügung haben, Speisen nach ayurvedischen Empfehlungen zuzubereiten, um sie dadurch leichter verdaulich zu machen – es ist nicht mehr und nicht weniger. Mir war es wichtig, gut nachkochbare Rezepte zu schreiben und Zutaten zu verwenden, die im Supermarkt um die Ecke oder im Bioladen zu kaufen sind. Doch eines muss ich natürlich sagen: Ein Schnitzel bleibt ein Schnitzel und ein Schweinebraten bleibt ein Schweinebraten. Doch wenn Sie die richtigen Beilagen und Gewürze dazu kombinieren, werden Sie selbst hier einen Unterschied spüren.

In meiner Konstitution sind sehr viele Kapha-Anteile vorhanden (was dies bedeutet, erfahren Sie im Weiteren), und ich bin noch immer verwundert, dass dieses Buch entstanden ist. Es hat, das muss ich zugeben, schon eine Weile gedauert, bis es fertig wurde. Der Theorieteil schneidet die Grundlagen des Ayurveda an und gibt einen guten Überblick. Für vertiefende Informationen gibt es unzählige andere sehr gute Bücher. Empfehlungen finden Sie im Anhang des Buches.

Fotos bringen ein Buch zum Leben und so war es mir ein großes Anliegen, dass bei den Fotos nichts künstlich verschönert oder geändert wurde. Wir haben die Speisen gekocht, danach sofort angerichtet und fotografiert – das war's. Und wenn Sie sich an das Rezept und die Zubereitung halten, dann sieht es bei Ihnen zuhause ganz genauso aus.

Ich habe ein Kochbuch im Regal stehen – „Das Tassajara-Kochbuch" – und zu Beginn stehen wunderschöne Zeilen, die alles aussagen, worum es beim Kochen, ja, ich möchte sagen, im Leben, geht:

Kochen ist kein Geheimnis.
Je mehr wir aus unserem Herzen herauslassen, desto mehr können wir hineinlegen.

Um Kochen lebendig zu machen, geben wir von unserer Lebenskraft.
Tun wir es bereitwillig, macht es uns keine Mühe.
Waschen, Schneiden, Kochen, Saubermachen, Wege erforschen,
die unserem Leben Lebenskraft geben.

Nicht schon vorher genau wissen, was und wie etwas zu tun ist, sondern es mit
Eifer und Neugier aus etwas heraus erfahren, das wir noch nicht kennen.
Nicht an einem besonderen Weg festkleben und darauf bestehen, dass dies der
einzige sei – mag er auch schon recht gut sein.

Sich öffnen, um die ganzen verschiedenen Möglichkeiten zu erleben, die versuchsweisen
und vorläufigen Wege, um unserem Leben Lebenskraft zu geben.

Unsere linke Hand, unseren Rücken, unsere Zehen zu fühlen, unser Atmen, unsere
Bewegungen, unsere Haltung zu spüren, darin liegt unsere Freiheit und unsere Weisheit.

Das Geheimnis besteht darin, dass es möglich ist, etwas zu tun,
ohne vorher zu wissen, wie wir es tun.

(Aus „Das Tassajara-Kochbuch" von Edward Espe Brown)

Ich wünsche Ihnen genussvolle Stunden, auf dass auch Sie Ihre Leidenschaft für die Küche des Ayurveda entdecken mögen.

Ihre Eva Koppensteiner

WARUM KEIN SELBSTTEST IM BUCH ZU FINDEN IST

Im Ayurveda dreht sich alles um die Stoffwechselregulation, und darum heißt es auch „du bist, was du verdaust". Aus diesem Grund wollen Ayurvedaärzte oder -therapeuten immer ganz genau wissen, was man isst und wie danach die Verdauung aussieht. Wer also eine träge Verdauung hat oder wem Blähungen zu schaffen machen, wird sehr schnell eine Verbesserung merken, wenn er oder sie sich an allgemeine ayurvedische Empfehlungen hält. Dies kann man zu einem großen Teil den Gewürzen und der idealen Kombination der Lebensmittel zuschreiben.

Ayurveda kann auch wunderbar bei vielen anderen Beschwerden helfen und gehört somit in die Hände eines entsprechend ausgebildeten Arztes. Dieser betrachtet den Menschen als eine Einheit von Körper, Geist und Seele und kann auch die individuelle Konstitution bestimmen. Informiert man sich über Ayurveda, sei es bei einem Vortrag, in einem Magazin oder im Internet, hört und liest man immer wieder von Vata, Pitta und Kapha. Ist man nun ein Einzeltyp oder doch eine Mischung daraus? Diese Frage interessiert viele Menschen brennend und darum findet man online oder in Zeitschriften Fragebögen und Selbsttests zum Ausfüllen. Sie machen Spaß und können Tendenzen aufzeigen. Eine fachmännische Diagnose bei einem Ayurvedaarzt oder erfahrenen -therapeuten können sie jedoch nicht ersetzen. Dieser macht den Test mehrmals über einen längeren Zeitraum, findet so genau heraus, welcher Typ man ist – und kann dann Empfehlungen geben.

Allgemeine Tipps wie z.B. abgekochtes Wasser zu trinken, günstige Lebensmittelkombinationen oder passende Gewürze sind für jedermann empfehlenswert – somit kann ich sie mit gutem Gewissen in diesem Buch weitergeben (ab S. 34).

INHALTSVERZEICHNIS

AYURVEDISCHES HINTERGRUNDWISSEN

Ayurveda stammt aus Indien und ist das älteste ganzheitliche Gesundheitssystem der Welt. Es bedeutet übersetzt **„das Wissen vom Leben"** oder auch **„die Wissenschaft vom Leben".** Über Jahrtausende hinweg wurde es mündlich überliefert und erst später in den vedischen Schriften festgehalten. Im Ayurveda steht der Mensch als Ganzes im Mittelpunkt und wird als eine Einheit von Körper, Geist und Seele betrachtet.

Ayurveda ist keine neue Diät und keine neue Ernährungslehre, es handelt sich nicht um etwas Exotisch-Fremdes, sondern um schlichte, universelle Erkenntnisse, die für alle Lebewesen – wo auch immer auf der Erde – ihre Gültigkeit haben. Wir alle tragen den Schlüssel zu umfassender Zufriedenheit und Gesundheit in uns: im Ursprung unseres Denkens, Handelns und Empfindens und damit in der Tiefe unseres eigenen Bewusstseins. Da viele Menschen dieses Feinempfinden verlernt haben, weist uns Ayurveda einen lebbaren Weg, um wieder dorthin zu gelangen. Ayurveda kann uns also helfen, den verborgenen Schatz zu entdecken.

Alle Wege, die Ayurveda beschreibt, haben zum Ziel, die Gesundheit des Gesunden zu erhalten und die Krankheit des Kranken zu heilen. Eine Ernährung und Lebensweise, die unserer eigenen Konstitution entspricht, hilft uns, Glück und Zufriedenheit zu erreichen und zur Einheit mit unserer wahren Natur zurückzufinden.

Ayurveda gehört weder dem Osten noch dem Westen, weder der alten Vergangenheit noch der modernen Zeit. Ayurveda ist eins mit allem Leben, ein Wissen, das allen Lebewesen gehört, kein System, das von außen auferlegt wird, sondern eine Quelle, von der man reichlich schöpfen kann.

Dr. David Frawley

Die klassische Definition des Ayurveda lautet:

Gutes und schlechtes Leben; glückliches und unglückliches Leben; das, was dem Leben zu- bzw. abträglich ist; das Maß des Lebens und seiner Komponenten und das Leben selbst – wo all dies erklärt wird, das nennt man Ayurveda.

Caraka-Samhita Sutrasthạna I.41

Die 5 Elemente

Nach der Lehre des Ayurveda besteht jeder Mensch – wie das Universum auch – aus 5 Elementen: **Raum – Wind – Feuer – Wasser – Erde.**
Die 5 Elemente der Natur (Makrokosmos) sind also im Menschen (Mikrokosmos) zu finden und umgekehrt. Sie sind in allem enthalten – in jedem Lebewesen, jeder Pflanze, in Nahrungsmitteln, in Medikamenten, in jedem „Stoff", den es im Universum gibt – aber immer in unterschiedlichen Anteilen. Auf dem harmonischen Zusammenspiel und Ausgleich aller 5 Elemente basiert das ganze Leben.

Stellen Sie sich das Element Raum als Volumen vor, das die Materie umgibt – in diesem Raum existieren die anderen Elemente. Den Wind kann man sich als Beweglichkeit vorstellen, das Feuer als Energie, das Wasser als Flüssigkeit und die Erde als Substanz, die Stabilität gibt. Jedes Element hat bestimmte Funktionen in unserem Körper und zeigt sich in verschiedenen Körperregionen. Bei jedem der fünf Sinne Sehen, Hören, Riechen, Schmecken und Tasten herrscht ein bestimmtes Element vor. Obwohl jeweils alle Elemente in den Sinnesorganen vorhanden sind, werden sie immer von einem dominiert.

Dem **Raum** sind die Hohlräume im Körper zugeordnet, die sich beispielsweise im Magen-Darm-Trakt, im Mund, in der Nase und den Atemwegen sowie im Brust- und Bauchraum befinden.
Als Sinnesorgan ist das Ohr zugeordnet; der Raum transportiert den Klang.
Eigenschaften: weich, leicht, glatt, fein, durchdringend (es gibt keinen Widerstand) und durchscheinend.

Den **Wind** können Sie beim Ein- und Ausatmen spüren, außerdem in den Funktionen der Muskeln, im Herzschlag, in den Bewegungen der Magenwand und des Darms. Mit dem Tastsinn nehmen Sie die Berührung wahr.
Eigenschaften: beweglich, leicht, kalt, fein, trocken, rau und durchdringend.

Das **Feuer** ist dem Stoffwechsel zugeordnet; durch die Hitze in der Magengegend wird die Verdauung angeregt. Es ist für die Erhaltung der Körperwärme erforderlich und verleiht dem Körper Schönheit in Form seiner Ausstrahlung. Als Sinnesorgan ist das Auge zugeordnet, Sie können sehen und Licht, Farbe und Form wahrnehmen.
Eigenschaften: heiß, fein, trocken, klar, leicht und durchdringend.

Das Element **Wasser** beinhaltet alle flüssigen Bestandteile im Körper: die Verdauungssäfte, das Blut, den Speichel – alles, was fließt. Mit der Zunge schmecken Sie und nehmen die verschiedenen Geschmacksrichtungen wahr. *Eigenschaften:* flüssig, fließend, ölig, kalt, langsam, schleimig, weich, feucht und träge.

Die **Erde** repräsentiert alle festen Strukturen im Körper wie Knochen, Knorpel, Nägel, Muskeln und Haare. Sie steht für Standfestigkeit und Stabilität im Leben. Das Element ist der Nase zugeordnet und Sie nehmen den Geruch wahr. *Eigenschaften:* schwer, langsam, stabil, nicht schleimig, fest, dicht, grob, hart, träge und unbeweglich.

Die Zusammensetzung dieser Elemente verleiht jedem Menschen seinen eigenen unverwechselbaren Charakter, auch, was die Besonderheiten seines Körpers und damit eingeschlossen seine Schwächen und Stärken angeht. So hat jeder Mensch seine eigene individuelle Natur. Ayurveda fasst diese Elemente in drei Bioenergien – **Doshas** – zusammen, die Vata, Pitta und Kapha genannt werden.

Die 3 Doshas: Vata, Pitta, Kapha

Jedes Dosha setzt sich aus allen 5 Elementen zusammen, jedoch dominieren immer zwei davon.

Vata: Elemente Raum und Wind

Pitta: Elemente Feuer und Wasser

Kapha: Elemente Wasser und Erde

Alle drei Doshas sind erforderlich, um das Leben aufrechtzuerhalten. Jedes Dosha hat eine eigene Aufgabe und einen Hauptsitz im Körper. In unterschiedlichen Anteilen sind sie in jeder Körperzelle, in den Organen und Geweben vorhanden. Sie ergänzen sich harmonisch in ihrem Zusammenspiel und sorgen für das individuelle Gleichgewicht:
Vata steuert alle Bewegungen auf körperlicher und geistiger Ebene.
Pitta ist zuständig für sämtliche Umwandlungsprozesse wie z.B. den Stoffwechsel.
Kapha formt den Körper, baut ihn auf und gibt ihm Stabilität.

In der Natur kann man die Doshas im Rhythmus von Tag und Nacht, im Wechsel der Jahreszeiten und im Lauf des Lebens beobachten. Zu bestimmten Tages- und Jahreszeiten und je nach Alter ist eines der Doshas besonders aktiv. Doshas sind nicht greifbar, man kann sie nicht anfassen, aber wir können sie durch ihre Eigenschaften wahrnehmen. Diese können z.B. heiß, kalt, feucht, trocken, schleimig, leicht, schwer, beweglich sein. Sie äußern sich in Schwitzen, Frieren, trockener Haut, schleimigem Auswurf (z.B. bei Erkältungen), einem Gefühl, als würde man schweben bzw. von einem Stein heruntergezogen oder auch in äußeren Bedingungen wie z.B. windigem Wetter.

Die im Menschen vorhandenen Doshas sind von Geburt an in einem für jeden Menschen charakteristischen Verhältnis angelegt: Man spricht von der Grundkonstitution. Dabei können ein, zwei oder alle drei Doshas vorherrschen. Die dominierenden Doshas prägen mit ihren Eigenschaften die körperlichen und geistigen Merkmale eines Menschen. Somit geht man im Ayurveda von verschiedenen **Typen oder Konstitutionen** aus. Die Konstitution beschreibt Stärken, aber auch Schwachstellen und erklärt die unterschiedlichen Reaktionen auf Ernährung, Sinneseindrücke, Klima oder Lebensumstände. Die Grundkonstitution bleibt ein Leben lang gleich, sie ist unveränderlich, von der Geburt bis zum Tod und wird schon mit der Zeugung festgelegt. Dabei spielen die körperliche Verfassung der Eltern, die Jahreszeit und der Ort eine große Rolle. Im Ayurveda gibt es viele gesundheitsfördernde Empfehlungen zur Vorbereitung der Zeugung und Empfängnis.

Jeder Mensch hat seine individuelle Konstitution, d.h. eine bestimmte körperliche und seelische Verfassung, die ihn von anderen Menschen unterscheidet. Wer diese kennt, versteht auch die Besonderheiten seines Verhaltens, seiner Stimmungen, seines Stoffwechsels und seiner Eigenarten besser. Dieses Wissen ist ein wahrer Schatz, denn:

- Man erkennt, wann man in Harmonie mit sich und seiner Umwelt ist.
- Man merkt sehr schnell und genau, wann man aus der Balance gerät und beginnen sollte, mit gezielter Ernährung und anderen Maßnahmen wieder ins Gleichgewicht zu kommen.

Wird diese **Grundkonstitution** erhalten und gepflegt, ist und bleibt der Mensch gesund. Entsprechend sollte man sich ernähren und leben. Gerät die Grundkonstitution aus dem Lot und stimmt mit unserem „Jetzt-Zustand" nicht überein, sprechen wir von einem Ungleichgewicht der Doshas; die Ursache liegt in einer Dosha-Erhöhung bzw. einer Dosha-Ansammlung. (Ansammlung bedeutet hier, das Dosha ist dort, wo es nicht hingehört.) Eine ungesunde Ernährung, eine unpassende Lebensweise und äußerliche Einflüsse wie die Jahreszeit sind Faktoren für eine Dosha-Störung.

Keine Konstitution ist besser oder schlechter als die andere. Alles ist gut, so wie es ist, und gemäß seines Doshas sollte man – idealerweise – leben. Oft höre ich: „Oh mein Gott, ich will auf keinen Fall ein Kapha-Typ sein." Der vorherrschenden Meinung nach sind nämlich alle Kaphas übergewichtig. Es stimmt zwar, dass Kapha-Typen leicht zunehmen und sich sehr schwertun, ihr Gewicht wieder zu reduzieren. Menschen, die aber „gelebtes und gesundes" Kapha haben, können sich glücklich schätzen, denn sie haben ein starkes Immunsystem, ruhen in ihrer Mitte und nichts wirft sie so schnell aus der Bahn.

Kerstin Rosenberg hat die einzelnen Typen in ihrem Seminar an schönen Beispielen erklärt: Stellen Sie sich vor, Sie haben ein Unternehmen und dort arbeiten nur Vata-Typen – herrlich kreativ, jeden Tag haben sie neue Ideen, jedoch an der Umsetzung hapert es, weil sie sich nicht entscheiden können und irgendwo in fernen Welten herumflattern. Besteht Ihr Unternehmen nur aus Pitta-Typen, will jeder Chef sein und das Ruder an sich reißen. Aber sie arbeiten strukturiert und Ideen werden in die Tat umgesetzt – es geht etwas weiter. Kapha-Typen sind die „Arbeiter", machen ordentlich und gewissenhaft, was man ihnen sagt, auf sie ist absolut Verlass. Aber Fehlanzeige, wenn Sie von ihnen neue Ideen erwarten. Wenn auch

überspitzt beschrieben, ist es im Endeffekt jedoch genau so. Ein guter Mix aus allem ist der Weg zum Erfolg. Und egal, welcher Typ man ist, gewisse Stärken zeichnen jeden von uns aus und machen uns einzigartig. Ich bin zum Beispiel nicht sehr kreativ, eigentlich gar nicht, könnte ich sagen.
Aus einem Apfel kann man keine Birne machen – deswegen hole ich mir Hilfe und Ratschläge von Freunden und Experten. Wenn die Ideen und Tipps einmal da sind, kann ich mir etwas vorstellen und gehe die Sache an. (Natürlich in meinem langsameren Kapha-Tempo. Zu übertreiben brauchen wir es ja nicht.)

Im Folgenden werden nun die Doshas mit all ihren Funktionen und individuellen Eigenschaften vorgestellt:

VATA – DAS PRINZIP DER BEWEGUNG

Elemente Raum und Wind

Der Hauptsitz von Vata ist der Dickdarm. Vata ist eng mit dem Nervensystem verbunden und entspricht dem Geist- und Energiekörper. Vata ist zuständig für Bewegung, Atmung, Emotion, Empfindung, Spontaneität, Absorption der Nahrung im Darm und Ausscheidung.
Vata wird erhöht durch körperliche Anstrengung, Schlaflosigkeit, Angst, Trauer, Kummer, Reizüberflutung, Wind und Kälte.
Körperliche Merkmale von Vata-Typen: schlanke und schmale Statur, Feingliedrigkeit, trockene und rissige Haut, brüchige und starre Haare und Fingernägel, Trockenheit im Darm, Neigung zu Blähungen und Verstopfung, wechselhafter Appetit.
Menschen, bei denen Vata vorherrscht, bewegen sich rasch und reden schnell, sind unruhig bis nervös und unstetig. Sie können ungeduldig und unzuverlässig sein, ein schlechtes Gedächtnis haben, aber auch sehr wach und aktiv sein.

Empfehlungen zum **Vata-Ausgleich** (hierdurch kann eine Senkung des im Übermaß vorhandenen Doshas erreicht werden):

- Eine regelmäßige und beständige Ernährungs- und Lebensweise bevorzugen.
- Stress, innere Anspannung und Ängste abbauen (z.B. mit Yoga, Meditation, Musik, liebevollen Begegnungen und dies alles in einer angenehmen Umgebung).
- Alle Sinnesüberreizungen meiden (z.B. ständig vor dem Computer sitzen, permanente Geräuschpegel).
- Drei warme Mahlzeiten am Tag (wenn möglich frisch gekocht), mit Ghee zubereitet und saftig gegart.

- Dem Wunsch nach Kommunikation und Kreativität Ausdruck verleihen.
- Positive Gewohnheiten und Rituale aufbauen und beibehalten.

PITTA – DAS PRINZIP DER UMWANDLUNG

Element Feuer und ein geringer Anteil Wasser

Der Hauptsitz von Pitta befindet sich im Zwölffingerdarm und in der Leber. Pitta regelt den Stoffwechsel, ist entsprechend zuständig für die Tätigkeiten des Verdauungssystems und regelt den Wärmehaushalt im Körper. Intellekt und geistige Ausdrucksfähigkeit sind Funktionen von Pitta.
Pitta wird erhöht durch Zorn, Wut, Hitze, Sonneneinstrahlung und Alkohol. Körperliche Merkmale von Pitta-Typen: athletischer und mittelschwerer Körperbau, Neigung zu Sommersprossen und Muttermalen, gelbliche bis kupferfarbene Haut mit Falten und frühes Ergrauen der Haare, starkes Schwitzen, Abneigung gegen Hitze, starker Appetit und gute Verdauung. Pitta-Typen sind intelligent und haben ein gutes Gedächtnis, sind oft dominant in Gesprächen und Begegnungen, gute Redner, unternehmungslustig und mutig mit Neigung zu Ungeduld und Ärger, sehr belastungsfähig und stabil und lieben Sport.

Empfehlungen zum **Pitta-Ausgleich:**

- Regelmäßige Mahlzeiten einnehmen und keinen Heißhunger entstehen lassen.
- Das Mittagessen ist die Hauptmahlzeit – mit Salat, Rohkost, Getreide und einem Eiweißträger.
- Nicht zu schnell essen, sondern gut kauen und einspeicheln.
- Emotionale Anspannung durch körperliche Aktivität wie Sport abbauen.
- Alle sauren, salzigen und scharfen Speisen meiden.
- Alle grünen Gemüsearten, Blattsalate und frische Kräuter bevorzugen.
- Dem Wunsch nach Herausforderungen und Anerkennung Ausdruck verleihen.
- Die Neigung zu Aggressionen, Perfektionismus und Jähzorn regulieren (z.B. durch Meditation, Yoga).
- Sich in innerer Zufriedenheit, Hilfsbereitschaft, Toleranz und Gelassenheit üben.

KAPHA – DAS PRINZIP DER STABILITÄT

Elemente Wasser und Erde

Der Hauptsitz von Kapha befindet sich im Brust- und Bronchienbereich, in der Kehle und im Kopfbereich. Kapha ist für den Aufbau und die Erhaltung des Körpers zuständig. Es gibt Muskel-, Fett- und Knochengewebe die

Stabilität, den Schleimhäuten die Feuchtigkeit und erhält die Gelenkschmiere.

Kapha wird erhöht durch Tagesschlaf und exzessive Ruhe.

Körperliche Merkmale von Kapha-Typen: stabiler und schwerer Körperbau, Neigung zu Übergewicht, gutes Immunsystem, geringes Hungergefühl und langsame Verdauung, tiefer und langer Schlaf, langsame Sprechweise, langsame Auffassungsgabe, aber gutes Langzeitgedächtnis.

Kapha-Typen sind geduldig, stark, selbstkontrolliert, vergebend, pflichtbewusst, hilfsbereit und nicht selbstsüchtig. Sie gehen Dinge methodisch und langsam an, sind aber stets zuverlässig und pünktlich. Sie sind schwer aus der Ruhe zu bringen. Ihre körperliche und geistige Antriebskraft ist gering, sie neigen zu Bequemlichkeit und innerem Phlegma.

Empfehlungen zum **Kapha-Ausgleich:**

- Nur kleine Mahlzeiten essen, am besten zwei, maximal drei am Tag.
- Keine Zwischenmahlzeiten einnehmen.
- Am frühen Morgen noch nichts und am späteren Abend nichts mehr essen.
- Regelmäßige Bewegung.
- Appetitanregende Mahlzeiten mit viel Gemüse und Hülsenfrüchten zubereiten und auf leicht verdauliche Kombinationen achten.
- Scharfe, bittere und anregende Gewürze wie Chili, Pfeffer, Ingwer, Kurkuma, Asafoetida und Bockshornkleesamen sowie herbe Kräuter in die Mahlzeiten integrieren.
- Gebratene, schwere, fettige und salzige Speisen meiden, ebenso Käse und tierische Eiweiße.
- Wenig Rohkost essen und wenn, dann vorzugsweise am Mittag oder im Sommer.
- Dem Wunsch nach Ruhe, Sicherheit und Geborgenheit Ausdruck verleihen.
- Sich Rückzug gönnen und lernen, Stresssituationen ohne Frustessen zu kompensieren.
- Sich in körperlicher Aktivität, Selbstdisziplin und Willensstärke üben.

Die Doshas und das Agni im Tagesverlauf

Über den Tag verteilt sind die einzelnen Doshas unterschiedlich ausgeprägt. So verfügen wir zu bestimmten Uhrzeiten über ausgeprägte Verdauungskräfte (Agni, s. S. 29 f.), sind eher schläfrig oder kreativ. Entsprechend der individuellen Dosha-Konstitution reagieren wir unterschiedlich auf die Biorhythmen des Tages, sodass z.B. eine Kapha-Konstitution am Abend gegen 21 Uhr sehr müde ist und der Vata-Typ erst so richtig munter wird.

02:00–06:00 Der Tag beginnt aus ayurvedischer Sicht mit einer inneren Reinigungsphase in diesen Stunden. Der Körper arbeitet sehr aktiv, im Organismus werden Nährstoffe in die notwendigen Gewebe und Organe transportiert, Abfallstoffe werden verdichtet und wandern in die Ausscheidungsorgane. Das starke Vata in den frühen Morgenstunden schenkt uns einen offenen Geist und nimmt die Elemente Raum und Wind in sich auf. Wir sind besonders feinfühlig für die lebensspendenden Kräfte aus Luft und Natur.

06:00–10:00 Der optimale Zeitpunkt zum Aufstehen ist individuell unterschiedlich. Doch wenn möglich sollten Sie nicht später als 6 Uhr im Sommer und 7 Uhr im Winter aufstehen, um noch den Tag in der morgendlichen Dynamik und Leichtigkeit des Vata zu beginnen. Danach steht ein Gang auf die Toilette auf dem Programm. Je später wir frühstücken, umso besser aus ayurvedischer Sicht. Denn das jetzt dominante Kapha-Dosha macht die Verdauungssäfte schwach. Ein schweres Frühstück mit Brot oder Brötchen, Schinken, Wurst, Käse und Eiern belastet den Organismus und macht uns träge und schwer. Stattdessen lieber ein leichtes und kleines ayurvedisches Frühstück zubereiten – Empfehlungen finden Sie auf Seite 36ff.

10:00–14:00 Jetzt ist Pitta-Zeit, unser Agni brennt in der Regel gut und wir können eine nährende, vollwertige und vielseitige Mahlzeit genießen.
Steht die Sonne im Zenit am Himmel, so hat auch unser inneres Feuer seinen Höhepunkt erreicht. Starker Appetit breitet sich aus und die guten Verdauungssäfte lassen uns selbst schwere und kalte Nahrungsmittel gut verdauen und schenken viel Energie für den restlichen Tag. Aus diesem Grund wird im Ayurveda meist zur Mittagszeit die Hauptmahlzeit eingenommen. Nach dem Mittagessen sollten Sie Ihrem Magen etwa 5 Stunden Pause gönnen und ihm Zeit geben, die eingenommene Mahlzeit vollständig zu verdauen. Leider ist es vielen Berufstätigen nicht möglich, ein hochwertiges Mittagessen einzunehmen. In diesem Fall können Sie die Hauptmahlzeit auf den Abend verlegen und für mittags auf eine Alternative aus Salat, Brot und leichten Aufstrichen oder mitgebrachten Resten vom hausgemachten Abendessen zurückgreifen.

14:00–18:00 Nun befinden wir uns in der nachmittäglichen Vata-Phase, in der wir oft mit Müdigkeit, Nervosität und Essgelüsten reagieren, um die innere Leere, die Vata mit sich bringt, zu füllen. Die Verdauungskraft ist in dieser Zeit sehr schwankend und kann Energie nur schlecht speichern. Deshalb reagieren wir besonders anfällig auf übermäßigen Stress und können uns schlecht konzentrieren. Ein wärmender Gewürz- oder Kräutertee kann uns positiv stärken, Trockenfrüchte oder Nüsse sind eine gute Alternative zu Schokolade und Kuchen.

18:00–22:00 Das Abendessen ist eine besonders wichtige Mahlzeit, um den Körper in einen entspannten Ruhezustand zu führen. Da unsere Verdauungskraft sinkt, sollten wir uns bemühen vor 20 Uhr zu essen. Alle Nahrungsmittel, die später eingenommen werden, rauben dem Organismus seine vitale Energie. Entspannung ist das oberste Gebot, um unseren Körper nicht auszulaugen. Auf welche Nahrungsmittel Sie am Abend besser verzichten sollten, erfahren Sie auf Seite 38. Warum das spätabendliche Naschen schädlich ist, erkläre ich Ihnen in der nächsten Zeitphase.

22:00–02:00 Wir befinden uns in einer Pitta-Zeit, und wie auch zu Mittag ist das Agni sehr stark und leistungsfähig. Der Körper erneuert und verjüngt sich und aus den am Tage eingenommenen Speisen werden neue Zellen und Körpergewebe gebildet. Daher ist es auch sehr wichtig, die Körperkanäle – Srotas – offen zu halten. Um diesen Aufbauprozess zu leisten, ist es notwendig, dass der Verdauungstrakt nicht durch gerade eingenommene Speisen belastet wird. Denn dann muss Agni im Magen verdauen und kann nicht gleichzeitig in den Geweben aufbauen. Die optimale Zeit zum Schlafengehen wird im Ayurveda mit Ende der Kapha-Zeit um 22 Uhr benannt. Jetzt hat der Körper noch eine gute Bettschwere und im Schlaf vor Mitternacht findet er ein Höchstmaß an erneuernder Kraft. Ebenso können die aufbauenden Stoffwechselprozesse im Gewebe am besten während eines völlig entspannten Zustands ausgeführt werden.

Der tägliche Dosha-Kreislauf schließt sich wieder mit der frühmorgendlichen Vata-Phase von 2 bis 6 Uhr.

02:00–06:00 Uhr	Vata	schwankendes Agni
06:00–10:00 Uhr	Kapha	schwaches Agni
10:00–14:00 Uhr	Pitta	starkes Agni
14:00–18:00 Uhr	Vata	schwankendes Agni
18:00–22:00 Uhr	Kapha	schwaches Agni
22:00–02:00 Uhr	Pitta	starkes Agni

Die Doshas im Jahresverlauf

Im klassischen Ayurveda wird das Jahr in sechs Jahreszeiten eingeteilt, indem die durch das Klima hervorgerufenen Dosha-Einflüsse sehr präzise beschrieben werden. Bleiben wir bei unserer hiesigen Jahreszeiteneinteilung, so ist aus ayurvedischer Sicht das Kapha zur kalten und feuchten Zeit besonders ausgeprägt, also im späten Winter und Frühjahr, Pitta im heißen Sommer und warmen Frühherbst, das Vata steigt zu den trockenen, windigen und kalten Jahreszeiten wie Spätherbst und Winter an.

DER FRÜHLING

Der Frühling ist die natürliche Entgiftungszeit des Körpers, denn während des Winters haben sich im Organismus viele Schlacken und Fettdepots angesammelt. Der Körper beginnt im Frühjahr die Wärme, die er im Winter angesammelt hat, abzugeben und sich so auf die Hitze des Sommers vorzubereiten. Im Frühling ist im Körper das Kapha-Dosha vorherrschend, welches sich unter anderem in der **„Frühjahrsmüdigkeit"** und dem Hang zu Erkältungen zeigt. Die Ernährung im Frühjahr sollte vorwiegend der **Entschlackung** und Anregung des Verdauungsfeuers dienen.

Empfohlene Nahrungsmittel im Frühling:

- Buchweizen, Gerste, Polenta, Weizen
- Auberginen, Blattspinat, Chicorée, reife Gurken, Kürbis, Radieschen, Rettich, Spargel, Zucchini
- Kichererbsen, Linsen
- Äpfel, Bananen, Birnen, Erdbeeren, Mangos
- Asafoetida, Basilikum, Bockshornklee, Ingwer, Kreuzkümmel, Kurkuma, Safran, Senfsamen
- Honig

DER SOMMER

Der Sommer zeichnet sich durch Wärme und Trockenheit aus. So, wie die Sonne in dieser Zeit strahlender wird und der Natur Feuchtigkeit entzieht, so reagieren auch unsere inneren Körperfunktionen. Ein hohes Pitta schwächt das Agni und durch die Trockenheit steigt das Vata an. All dies macht den **Körper empfindlich** und schwach. Von sehr sauren Speisen sollten wir im Sommer lieber absehen, da das zu dieser Jahreszeit sowieso schon reichlich vorhandene Pitta dadurch noch weiter erhöht wird. Die Konstellation starkes Pitta und schwaches Agni legt den optimalen Nährboden für Hautbeschwerden und Entzündungen, die sich auch erst im Herbst äußern können.

Es empfiehlt sich, die Hauptmahlzeit auf den Abend zu verlegen und mittags Obst und Salat oder eine leichte Suppe zu essen.

Empfohlene Nahrungsmittel im Sommer:
- Gerste, Weizen
- Blattgemüse, frische Blattsalate, Fenchel, Gurken
- Aprikosen, Beeren, Granatäpfel, Mangos, Melonen, Pfirsiche, Pflaumen, Trauben, Zwetschgen
- Anis, Koriander, frische Kräuter, Kreuzkümmel, Minze
- Honig

DER HERBST

Der Herbst ist laut Ayurveda eine sehr angenehme Jahreszeit, die sich hervorragend für Sport und Reinigungskuren eignet. Nun ist unser Pitta sehr stark und wir haben viel innere Hitze angesammelt, was uns **Energie und Tatkraft** schenkt. Leider können nun auch die Haut und die Verdauungsorgane mit typischen Pitta-Störungen wie Brennen, Rötungen oder Entzündungen reagieren. Daher sind leichte, süße, kalte und bittere Nahrungsmittel zu empfehlen.

Empfohlene Nahrungsmittel im Herbst:
- Dinkel, Gerste, Mais, Reis
- Auberginen, Blumenkohl, grüne Bohnen, Erbsen, Kohlgemüse, Kürbis, Rote Bete, Zucchini
- alle Hülsenfrüchte außer rote Linsen
- süße Früchte, Trockenobst
- Asafoetida, Bockshornklee, Fenchelsamen, Kardamom, Koriander, Kurkuma

DER WINTER

Der Winter ist normalerweise eine kalte und trockene Jahreszeit und in der Natur dominiert das Vata. Unser Organismus benötigt viel **Ruhe** und aufbauende Nahrung, die ihm hilft, die Kälte und Anstrengungen der kalten Witterung zu verkraften. Das Verdauungsfeuer brennt sehr gut, was aber auch einen gesteigerten Appetit zur Folge hat; so kann es passieren, dass man zunimmt. Mit dem Abnehmen sollte man bis zur Kapha-Zeit warten und nicht wie üblich nach den Weihnachtsfeiertagen beginnen. Der Körper trennt sich in der kalten Jahreszeit nur ungern von seinen Reservedepots und trotz strenger Diät wird nur ein geringer Gewichtsverlust zu verbuchen sein.

Empfohlene Nahrungsmittel im Winter:

- Buchweizen, Hafer, Hirse, Reis, Weizen
- grüne Bohnen, Erbsen, Kartoffeln, Kohl, Pilze, Rote Bete, Spinat, Wurzelgemüse, Zwiebeln
- Äpfel, Birnen, Trockenfrüchte
- Hülsenfrüchte
- Eier, Käse, Milch
- Asafoetida, Ingwer, Kardamom, Knoblauch, Kurkuma, Lorbeerblätter, Muskatnuss, Nelken, Pfeffer, Zimt

Die 6 Geschmacksrichtungen

Im Ayurveda werden sechs Geschmacksrichtungen unterschieden, die sich in jeder Mahlzeit in einem ausgewogenen Verhältnis wiederfinden sollten: **süß – sauer – salzig – scharf – bitter – herb.** Jeder Geschmack verfügt über spezielle Qualitäten – wie er sich auf die Doshas auswirkt oder ob er kühlende oder erhitzende Eigenschaften hat. All unsere Nahrungsmittel können den Geschmacksrichtungen zugeordnet werden.

Grundsätzlich sollten **alle sechs Geschmäcker innerhalb einer Mahlzeit** vertreten sein, um den Körper nicht ungleichmäßig zu belasten. Durch die Wahrnehmung aller Geschmacksrichtungen werden die Sinne geschärft, die Organe angeregt und der Körper befriedigt. Die einzelnen Geschmacksrichtungen haben nicht nur einen Einfluss auf die Bekömmlichkeit und Verstoffwechselung der Nahrung, sondern steuern auch unmittelbar die Stimmungslage und Gefühlswelt des Einzelnen. Sprichwörter wie „sauer macht lustig“ oder „sich das Leben versüßen“ geben eine kleine Ahnung davon, wie die Geschmacksrichtungen auf emotionaler Ebene wirken können. Im richtigen Maß genossen fördern alle sechs Geschmacksrichtungen unsere Gesundheit. Werden zu viele Lebensmittel einer bestimmten Geschmacksrichtung gegessen, steigt das entsprechende Dosha im Körper übermäßig an und als Folge wird das gesunde Gleichgewicht gestört.
Ein Überschuss der einen oder anderen Bioenergie kann reguliert werden, indem man Nahrung zuführt, die entgegengesetzte Eigenschaften besitzt.

GESCHMACK	ELEMENTE	WIRKUNG AUF DIE DOSHAS		
süß	Erde und Wasser	Vata ↓	Pitta ↓↓	Kapha ↑↑
sauer	Erde und Feuer	Vata ↓	Pitta ↑	Kapha ↑
salzig	Wasser und Feuer	Vata ↓↓	Pitta ↑	Kapha ↑
scharf	Feuer und Wind	Vata ↑	Pitta ↑↑	Kapha ↓↓
bitter	Raum und Wind	Vata ↑↑	Pitta ↓	Kapha ↓
herb	Wind und Erde	Vata ↑	Pitta ↓	Kapha ↓

↓reduzierend ↓↓stark reduzierend ↑erhöhend ↑↑stark erhöhend

Die **Geschmacksrichtungen** werden eingeteilt in erhitzend oder kühlend:
erhitzende Eigenschaften ➧ **scharf, sauer, salzig**
kühlende Eigenschaften ➧ **bitter, herb, süß**
Am stärksten erhitzend wirkt scharf, danach kommt sauer und dann salzig. Am stärksten kühlend wirkt bitter, danach kommt herb und dann süß.

SÜSS

Süß schmeckende Speisen sind nahrhaft, wohltuend und befriedigend; Blut, Gewebe, Haut, Haare, Stimme und Körperkraft werden gestärkt. Zu viel davon kann allerdings unter anderem zu Verschleimung, Diabetes, Übergewicht, Schweregefühl oder Candida-Pilzerkrankungen führen. Mit süß ist nicht „zuckersüß" im Sinne von Kuchen und Naschereien gemeint, sondern die natürlich Süße, z.B. von Wurzelgemüse, Kartoffeln, süßem Obst, Milch, Datteln, Zucker, Honig, Getreide. Auch Hülsenfrüchte und Kohlgemüse zeichnen sich durch ihren süßen und gleichzeitig herben Geschmack aus.

SAUER

Der saure Geschmack regt den Appetit und die Verdauungssäfte an. Auch hier ist das richtige Maß entscheidend, denn ein Zuviel an Saurem führt zu Sodbrennen, Übersäuerung, Verschlackungen, Hitzewallungen und Hautproblemen. Alle fermentierten Produkte wie Joghurt, Käse, Alkohol, Essig sowie unreifes Obst, Zitrusfrüchte, Ananas und Beeren werden dem sauren Geschmack zugeordnet.

SALZIG

Der salzige Geschmack erweitert die Körperkanäle, regt die Verdauung an und balanciert den Elektrolythaushalt des Körpers aus. Ein Zuviel kann zu Wassereinlagerungen, Bluthochdruck, Hautbeschwerden, Haarausfall und Nierenerkrankungen führen. Ich koche am liebsten mit naturbelassenem Steinsalz.

SCHARF

Der scharfe Geschmack regt das Verdauungsfeuer und damit den Stoffwechsel an. Scharfes wirkt entgiftend und entschlackend und hilft beim Fettabbau. Im Übermaß jedoch vermehrt es Hitze und kann Schwindel, Magengeschwüre, Brennen im Körper und Hautirritationen hervorrufen. Schärfe findet man in Lebensmitteln wie Chili, Ingwer, Senfsamen, Pfeffer, Knoblauch, Zwiebeln, Radieschen, Kresse und Meerrettich.

BITTER

Der bittere Geschmack bringt dem Körper viel Leichtigkeit und Bewegung. Er ist äußerst blutreinigend, appetitanregend, verdauungsfördernd, fiebersenkend und entzündungshemmend. Er ist ein gutes Lebertonikum und wird mit seiner entgiftenden und antiseptischen Qualität speziell gegen Parasiten im Darm, Verdauungsstörungen, Fieber, Hautkrankheiten, Diabetes und Fettsucht eingesetzt. Zu den bitteren Substanzen zählen alle grünen Blattgemüse, Blattsalate, Artischocken, Kurkuma, Bockshornklee, Aloe Vera, schwarzer Tee und Kaffee.

HERB/ZUSAMMENZIEHEND

Der herbe Geschmack beruht hauptsächlich auf den im Lebensmittel enthaltenen Gerbstoffen. Am einfachsten lässt er sich so beschreiben: Stellen Sie sich vor, in eine unreife Banane zu beißen. Herbe Lebensmittel wirken austrocknend und beugen Wassereinlagerungen im Gewebe vor. Ein Zuviel kann zu Trockenheit im Mund, Herz-Kreislauf-Problemen und Verstopfung führen. Zu den herben Lebensmitteln zählen unreife Bananen, Granatäpfel, Heidelbeeren, Cranberries, Kurkuma, Salbei, Hülsenfrüchte, Kohl und einige Apfelsorten.

Agni – das Verdauungsfeuer

Agni wird von Pitta produziert und hat seinen Sitz im Oberbauch. Es ist in jeder Zelle vorhanden und für alle Lebensfunktionen unentbehrlich. Es hat eine zentrale Bedeutung für alle Stoffwechsel- und Lebensprozesse und ist für die Aufschlüsselung und Umwandlung von Nahrung verantwortlich. Ein intaktes Verdauungsfeuer ist notwendig für ein ausgeglichenes Zusammenspiel der Doshas und damit für unser Wohlgefühl.

Bestimmte Lebensmittel haben die Fähigkeit, dieses Feuer in uns anzuheizen beziehungsweise zu erhöhen, z.B. heißes Wasser und scharfe Gewürze (s. S. 41). Qualität, Menge und Art der aufgenommenen Nahrungsmittel beeinflussen es ebenso wie körperliche und geistige Aktivität, psychische

Belastungen, Klima, Jahres- und Tageszeit, Lebensalter, Schlaf und Konstitution.

Das Verdauungsfeuer kann gestört werden durch:
- zu viel oder zu häufiges Essen
- zu schweres und eiweißreiches Essen am Abend
- ständiges Essen zwischen den Mahlzeiten
- ungünstige Nahrungsmittelkombinationen
- lesen, fernsehen oder hitzige Diskussionen beim Essen
- unausgeglichene Lebensweise und Stress

Menschen mit einem starken Agni vertragen nahezu alle Ernährungsweisen, wohingegen bei schwachem Agni die Verdauungskraft fast völlig darniederliegt und sich viele Schlacken bilden können. Brennt das Verdauungsfeuer gleichmäßig, so wird es von einer unangemessenen Ernährungsweise nur wenig beeinträchtigt. Brennt das Agni schwach, so wird die Ernährung zum Glücksfall und nur eine ausgesuchte Diät kann zu Stabilität führen. Denn genau diese Stabilität in unsere Stoffwechselvorgänge zu bringen und das Auftreten von Schadstoffen und Schlacken so weit wie möglich zu reduzieren, ist die letzte und wichtigste Aufgabe von Agni.

Die Folgen eines gestörten Agni sind Blähungen, Völlegefühl, Aufstoßen, Müdigkeit, Heißhungeranfälle, eine schlechte Haut und die Bildung von Ama (s. S. 31).

Srotas – die Transportkanäle

Die Räume, in denen Substanzen – wie Atemluft, Blut, Wasser, Knochenmark, Urin usw. – transportiert werden können, also die Kanäle oder Leitungsbahnen, nennt man im Ayurveda Srotas. Dazu gehören der Darm, die Speiseröhre, die Harnröhre, Adern, Venen usw. Diese können sehr grob, sehr schmal oder von veränderlicher Form sein.

Es ist sehr wichtig, die Srotas offen zu halten, damit alle Substanzen ungehindert fließen und sich gleichmäßig an den gewünschten Stellen verteilen können. Sind unsere Srotas blockiert, so können vielfältige Störungen auftreten, wie Wasseransammlungen, Lymphstauungen oder Verstopfung. Besonders der Verzehr von scharfen, salzigen und bitteren Speisen ist für das Srota-System empfehlenswert. Schwere, klebrige, fermentierte und Ama-bildende Speisen sollten gemieden werden.

Ama – unverdaute Stoffwechselrückstände

Im Ayurveda werden Schlacken als Ama, was so viel heißt wie „ungekocht", bezeichnet. Ist das Verdauungsfeuer zu klein oder zu schwach, um die Nahrungsmittel vollständig zu verbrennen, lagert es die unverdauten Abfallprodukte in den Geweben ab. Dies geschieht vor allem, wenn wir das Verdauungssystem mit zu viel Nahrung, mit zu schwerer Nahrung und mit Nahrung zur falschen Zeit überlasten. Dieser „Müll" verbleibt im Körper und wandert nun in die Körpergewebe, vorrangig ins Fettgewebe und in die Gelenke. Um uns wieder von Ama zu befreien, müssen wir Agni richtig anheizen, um die unverdauten Ablagerungen nochmals zu verwerten und anschließend auszuscheiden.

Anzeichen von Ama sind:

- fauliger und sehr unangenehmer Geruch von Blähungen oder Mundgeruch
- schmieriger und schwerer Stuhl
- dicker, klebriger Zungenbelag, der sich fast nicht entfernen lässt
- verminderte Widerstandsfähigkeit und Körperkraft
- kein Appetit
- Müdigkeit
- Steifigkeit der Gelenke, vor allem am Morgen
- Verdauungsstörungen

Ojas – die Lebensessenz

Als Ojas wird im Ayurveda die feinste Lebensessenz im menschlichen Körper bezeichnet. Wenn alle Körpergewebe auf gute und gesunde Weise aufgebaut wurden, entsteht Ojas. Der Hauptsitz von Ojas ist im Herzen, von dort aus schenkt es uns ein inneres Strahlen der Vitalität und Lebensfreude. Es sorgt für Wohlbefinden, starke Abwehrkräfte und Zufriedenheit. Ojas entsteht bei der Verdauung, bei allen geistigen Ereignissen und Glückserfahrungen. Es verbindet Körper und Geist und sorgt für Ausgewogenheit.

Als besonders Ojas-bildend gelten unter anderem Milch, Ghee, Honig, Gewürze, Mandeln, Trockenobst sowie Meditation und Atemübungen. Stress hingegen wird im Ayurveda als „Ojas-Killer" betrachtet. Immer dann, wenn wir uns körperlich und mental überfordern und Leistungsdruck haben, stehen wir unter Stress. Durch Zeitmangel, Erfolgsdruck und Streit verlieren wir täglich viel Lebensenergie – also Ojas – und schwächen damit unsere Immun- und Agnikraft. Dies wiederum führt dazu, dass die körperliche Erneuerung von Zellen und Geweben leidet. Wir leben im Stress ausschließlich von unserer Reserveenergie und verlieren Ojas.

ALLGEMEINE EMPFEHLUNGEN

Die Empfehlungen des Ayurveda sollen eine Bereicherung darstellen – keinesfalls sollen Sie sich eingeengt fühlen. Die Freude und der Genuss am Essen dürfen und sollen an oberster Stelle stehen.
Im Folgenden finden Sie Anregungen und Tipps, die sich in den Alltag integrieren lassen.

ABGEKOCHTES WASSER TRINKEN

Das regelmäßige Trinken von heißem abgekochtem Wasser ist eine sehr wirksame Reinigungskur. Sie können sich das in etwa so vorstellen: Kochen Sie Wasser im Wasserkocher einmal auf und trinken es, ist dies wie eine Dusche von innen. Lassen Sie das Wasser allerdings in einem Topf auf dem Herd 10–15 Minuten offen kochen und trinken es dann erst, wirkt es wie eine Tiefenreinigung für den Körper. Durch das lange Kochen bekommt das Wasser einen leicht süßlichen Geschmack, es wird sanfter und weicher und kann so ungehindert durch das gesamte Körpergewebe fließen und Schlacken herausschwemmen. Durch das Trinken verbessert sich der Geschmackssinn, wodurch die Speisen intensiver schmecken. Nach dem Kochen in eine Thermoskanne füllen und über den Tag verteilt heiß und schluckweise trinken. Ein wesentlicher Vorteil des heißen Wassers gegenüber Tee ist seine Geschmacksneutralität.

LEBENSMITTEL KOMBINIEREN

Der Körper kann immer nur bestimmte Lebensmittel zusammen verdauen und verwerten. Wenn das Verdauungsmilieu nicht stimmt, wird die Nahrung nicht vollständig aufgespalten und der Körper reagiert auf diese Stoffwechselschwäche mit Völlegefühl, Müdigkeit und Heißhunger auf Süßes direkt nach dem Essen.

Ayurveda empfiehlt, grundsätzlich keine sehr süßen und sehr sauren Nahrungsmittel in einer Mahlzeit zu mischen, denn diese können nicht gemeinsam im Magen verdaut werden. Fleisch, Fisch und Milchprodukte (außer Milch) benötigen ein sehr saures Verdauungsmilieu und sollten deshalb nur mit Reis und Gemüse als Beilage kombiniert werden. Reis ist ein neutrales Getreide, das die Verdauungssäfte nicht zu sehr „versüßt“. Also besser Reis, Risotto oder Reisbratlinge zu Schnitzel, gebratenem Fisch oder Schweinebraten als Kartoffeln – die wiederum zu den süßen Nahrungsmitteln zählen – in allen Variationen. Die Vorliebe für Tomaten mit Käse, Kartoffeln mit Fleisch oder Fisch, Teigwaren mit Fleisch und Joghurt mit Obst führt zu gravierenden Störungen der gesamten Stoffwechselfunktion und bildet Ama (s. S. 31).

Beenden Sie Ihre Mahlzeit mit etwas Bitterem wie z.B. etwas Blattsalat. Das macht den Körper jetzt leicht und regt den gesamten Verdauungsvorgang an. Auch eine Tasse Espresso leistet gute Dienste. Gelingt es uns, sich an diese Empfehlungen zu halten, so können wir mit jeder Mahlzeit auf sehr einfache Weise unsere Vitalität, Lebensfreude und Gesundheit fördern.

Optimale Lebensmittelkombinationen:
- Getreide, Fette, Hülsenfrüchte, süßes Gemüse (wie Kartoffeln, Wurzelgemüse, Rote Bete), Gemüse, Salat
- Milchprodukte, Nüsse, Samen, Gemüse, Salat, Reis
- Fisch, Gemüse, Salat, Reis
- Fleisch, Gemüse, Salat, Reis
- Eier, Gemüse, Salat, Reis

Kombinationen, die zu meiden sind:
- Fisch, Fleisch und Zitrusfrüchte mit Milch
- Fleisch und Fisch mit schweren Kohlenhydraten (Nudeln, Kartoffeln, Dinkelreis)
- Fleisch mit Sahne
- Fleisch mit Teigwaren
- tierische Eiweiße untereinander gemischt (z.B. in der Vorspeise Fisch und im Hauptgang Fleisch)
- Kartoffeln mit Käse
- Brot mit Tomaten und Käse
- Eier mit Milch, Joghurt, Melonen, Käse, Früchten und Kartoffeln
- Joghurt mit Milch, sauren Früchten, Melonen, Bananen, Mangos, Fisch, Käse, Getreide
- Milch mit Fisch, sauren Früchten, Rettich oder Wassermelone
- kalte Getränke mit fettigem Essen
- kalte Speisen mit sehr heißen Speisen (z.B. Eis mit heißen Beeren)
- frische Früchte mit gekochten Speisen

MILCH

Nun zum heiklen Thema Milch und gleich vorweg: Milch ist ein Lebensmittel, kein Getränk. Eine Tasse heiße Milch, verfeinert mit Gewürzen, ist eine vollwertige Mahlzeit und auch danach sollte man sich an die Verdauungszeiten halten. Milch sollte niemals kalt und niemals zu einer Mahlzeit getrunken werden. Milch zu einem Butter- oder Käsebrot sollte man also vermeiden. Es bedarf einer gesunden Verdauungskraft, um in den vollen Genuss des Nährwerts der Milch zu kommen. Ein schwaches oder gestörtes Verdauungssystem, Qualitätsverluste der Milch (durch Massentierhaltung, Homogenisierung, hohe Erhitzung zur Steigerung der Haltbarkeit) und eine falsche Kombination führen dazu, dass Milch nicht gut vertragen wird. Milch braucht offene Körperkanäle – Srotas –, um fließen und nähren zu können. Greifen Sie zu Milch, die nur pasteurisiert wurde. Homogenisierte oder H-Milch sollte gemieden werden, da die Fettmoleküle verändert wurden und es dadurch zu Srota-Blockaden und Unverträglichkeiten kommen kann.

Kombinationen, die absolut zu meiden sind:

- Milch mit Bananen (die klassische gemixte kalte Bananenmilch als Durstlöscher)
- Milch in einer Mahlzeit mit Saurem, Salzigem, Fleisch, Fisch, Knoblauch, Zwiebeln, Rettich, Granatäpfeln, Blattgemüse, Senf, Sesamsamen oder Basilikum

Milchfreundliche Nahrungsmittel sind:

- Mangos, Weintrauben, Honig, Ghee, Butter, Ingwer, Pfeffer, Reisflocken, Gerste

Einige typische ayurvedische Mischungen für heiße Milch:

- Milch mit Ghee, Zimt, Vanille, Kardamom und Kurkuma
- Milch mit Ghee, Ingwer und Pfeffer
- Milch mit Ghee, Kokos, Ingwer, Kardamom, Kurkuma und Rohrohrzucker

DAS FRÜHSTÜCK

Am Morgen bestimmen wir über den Energiestatus des restlichen Tages. Das Frühstück sollte eine **kleine und leichte Mahlzeit** sein. Es hilft dem Körper in seiner natürlichen Ausscheidungsphase und unterstützt die tägliche Entschlackung. Ein Schinkenbrot mit Käse macht zwar scheinbar schnell satt, aber genauso schnell wieder hungrig. Mit einem warmen Frühstück fühlt man sich angenehm gesättigt, es wirkt aufbauend und harmonisierend.

Empfehlungen für das Frühstück:

- heißes Wasser, Ingwerwasser oder Kräutertee
- heiße Milch mit etwas Kardamom, Ingwer und Kurkuma
- gekochte Getreideflocken mit gedünstetem Obst
- Haferwaffeln mit Honig
- Knäckebrot mit vegetarischen Aufstrichen

DAS MITTAGESSEN

Um die Mittagszeit, zwischen 11:30 und 13:30 Uhr, sollte die **Hauptmahlzeit** des Tages eingenommen werden, denn jetzt sind die Verdauungskräfte am stärksten. Nun können wir eine nährende, vollwertige und vielseitige Mahlzeit genießen, die uns viel Energie schenkt.

Empfehlungen für das Mittagessen:

- Gemüse in allen Variationen
- ein Eiweißträger aus Hülsenfrüchten oder tierischem Eiweiß
- Salat und Rohkost
- gekochter Reis
- ein kleiner Nachtisch (Obst, Obstkompott, leichter Pudding)

DAS ABENDESSEN

Da am Abend das Verdauungsfeuer etwas kleiner ist, sollten Salat und Rohkost eher die Ausnahme darstellen und stattdessen eine **leichte, warme Mahlzeit** genossen werden. In der Nacht regeneriert sich der Körper, die Srotas (Körperkanäle) sollten geöffnet sein, damit sich neue Zellen und neues Körpergewebe aufbauen können. Isst man abends Nahrungsmittel, die die Srotas blockieren – z.B. Käse, Tomaten, Joghurt, säuerliche Speisen – kann der Aufbau nicht richtig stattfinden.

Empfehlungen für das Abendessen:

- warme und leichte Mahlzeiten wie z.B. Suppen
- Getreide wie Reis, Quinoa, Hirse, Bulgur oder Couscous mit Gemüse
- Nudeln mit Gemüsesauce oder Pesto (keine schweren Käsesaucen!)
- etwas Brot und Aufstriche

WAS SOLL ICH BEACHTEN, WENN ICH AUSWÄRTS ESSEN GEHE?

Als Erstes entscheiden Sie, was Sie essen möchten: vegetarisch, Fleisch oder Fisch. Fleisch und Fisch im Menü nicht mischen, sondern entweder für das eine oder das andere entscheiden. Beides steht sich während der Verdauungsphase im Weg und kann zusammen nicht verdaut werden. Reis ist als Beilage zum Hauptgang die ideale Wahl. Kartoffeln sind als Beilage nicht empfehlenswert, da sie zu den süßen Kohlenhydraten zählen, die Verdauungssäfte „versüßt“ werden und somit das Verdauungsmilieu nicht mehr stimmt.

TIPPS GEGEN HEISSHUNGER

Empfinden wir ein unstillbares Verlangen nach süßen oder salzigen Speisen, so signalisiert der Organismus damit körperliche Mangelerscheinungen, mentalen Frust und Erschöpfungszustände. Doch statt Schokolade, Chips und Käsewürfel helfen hochwertige Lebensmittel, die verbrauchte Lebensenergie wieder aufzufüllen:

- Mandeln, Nüsse und Trockenfrüchte schenken dem Körper substanzielle Aufbaustoffe und vitale Lebensenergie.
- Eine heiße Milch mit Honig, Safran und Muskatnuss stoppt den Heißhunger am Abend und lässt uns gut schlafen.
- Alternativ zum Glückshormon-Push, wie wir ihn durch Schokolade erhalten, können wir auch Chili und Honig einnehmen, denn auch diese machen glücklich.
- Entspannung durch Bewegung, Massage, Musik oder Stille nährt unsere Psyche und stillt den wahren Hunger aus dem Selbst heraus.

DIE RICHTIGE MENGE ESSEN

Der Magen sollte beim Essen zu einem Drittel mit Speisen, einem Drittel mit Flüssigkeit und einem Drittel mit Luft gefüllt sein. Auf diese Weise hat er genügend Platz für seine Verdauungsarbeit. Achten Sie einmal darauf, wann Sie beim Essen das erste Mal aufstoßen. Dies ist der Zeitpunkt, an dem der Magen eigentlich genug hat. Doch oft denkt man sich: „Die paar Bissen auf dem Teller schaffe ich noch“ oder: „Es schmeckt so gut, dass ich alles aufesse“.

IN RUHE ESSEN UND GUT KAUEN

„Gut gekaut ist halb verdaut“ – so wird Magen und Darm eine Menge Arbeit abgenommen. Durch gründliches Kauen wird die Nahrung besser aufgeschlossen und ist somit leichter verdaulich. Auch viele natürliche Geschmacks- und Aromastoffe werden erst durch gründliches Kauen freigesetzt.

Bleiben Sie nach dem Essen noch 10 Minuten in Ruhe und entspannt sitzen. Das stärkt die Verdauungssäfte und unterstützt die vollständige Aufspaltung der Nahrung – Agni wird gestärkt. Wenn Sie nach dem Essen sofort aufspringen, an einem Ohr schon wieder das Telefon haben und Ihr System in wenigen Sekunden von null auf hundert hochfährt, dann denkt sich Ihr Körper: „Jetzt geht es um Leben und Tod, verdaut wird später.“ Der Nahrungsbrei gammelt im Magen herum, beginnt zu faulen, breitet sich später im ganzen Körper aus und bildet Ama.

VERDAUUNGSZEITEN EINHALTEN

Nach einer Hauptmahlzeit sollte man etwa 4–5 Stunden warten, bis man wieder isst, damit keine neue Nahrung auf Unverdautes trifft. Wenn Sie

gegessen haben, beginnt im Magen-Darm-Trakt der Verdauungsvorgang, die Nahrung wird aufgespalten – unser Körper ist also beschäftigt.

Ein ganz grob skizziertes Beispiel: Sie genießen ein köstliches Mittagessen, trinken vielleicht noch einen Kaffee, anschließend beginnt der Magen mit der Verdauungsarbeit. Nach einer Stunde kommt Ihnen ein Stück Kuchen in den Sinn. Gedacht, getan, Sie essen den Kuchen. Der landet dann im Magen, welcher beginnt, den Kuchen zu verdauen. Die Verdauung und Aufspaltung der vorigen Mahlzeit wird unterbrochen, weil ja wieder etwas Neues angekommen ist. Das unverdaute Mittagessen liegt also unverarbeitet im Körper – am Ende bildet sich Ama.

WARME SPEISEN ESSEN

Warme Speisen sind generell schneller und leichter verdaulich als kalte. Sie regen die Verdauung und den Stoffwechsel (Agni) an und selbst Schwerverdauliches kann besser aufgespalten und verwertet werden.

ROHKOST: JA – ABER NICHT ZU VIEL

Wenn Sie Rohkost essen, muss Ihr Agni sehr stark sein. Ist die Verdauungskraft schwach, wird die Nahrung nicht optimal aufgeschlossen. Auch ist es ein Unterschied, ob ich z.B. von einer Karotte ein Stück abbeiße oder die Karotte fein rasple und esse – geraspelt ist sie wesentlich leichter verdaulich. Menschen mit viel Pitta, die über ein starkes Agni verfügen, können Rohkost problemlos in Einzelbestandteile aufschließen. Die beste Zeit, die wertvolle Rohkost mit ihren vielen Vitaminen und Enzymen zu verdauen, ist die Mittagszeit.

WIE LÄSST SICH AGNI ANREGEN UND STÄRKEN?

- Vorwiegend zu gekochten und warmen Speisen greifen.
- Keine kalten Getränke trinken.
- Mit anregenden Gewürzen wie z.B. Ingwer, Kreuzkümmel, Pfeffer oder Chili kochen und als Kochfett Ghee verwenden.
- Bittere Blattgemüse und Salate und ein verdauungsfördernder Trunk (s. S. 213) sind empfehlenswert.
- Kleine Mahlzeiten essen.
- Gründlich kauen und einspeicheln.
- Abends keine Rohkost, Käse oder Joghurt essen.
- Kurzzeitig fasten (z.B. eine Mahlzeit ausfallen lassen oder einen Fasttag einlegen).
- Am Morgen ein bis zwei Tassen heißes Ingwerwasser trinken.
- Regelmäßige Mahlzeiten einnehmen und Verdauungszeiten einhalten.

AYURVEDA
IN DER KÜCHE

Das **Hauptanliegen der ayurvedischen Küche** ist schnell erklärt und besteht darin, dass eine Mahlzeit leicht und problemlos verdaut werden kann. Essen soll ein Erlebnis für die Sinne sein, idealerweise fühlt man sich danach angenehm gesättigt und geht mit frischer Energie und Lebensfreude weiter durch den Tag. Mit Speisen, die nach ayurvedischen Grundlagen zubereitet werden, gelingt dies ganz wunderbar.

Wenn Sie sich manchmal antriebslos fühlen und so gar nicht in die Gänge kommen, dann geht es Ihnen so wie mir. Bei mir trägt die ayurvedische Kost dazu bei, dass ich mich körperlich fitter fühle, zufriedener bin und mit einem klaren Geist durch den Alltag gehe. Es läuft dann einfach runder und ich mache mir viel bewusster Gedanken, was ich denn essen möchte und wie ich es zubereite. Ich verspreche Ihnen, den Unterschied bemerken Sie ganz schnell. Natürlich schaffe ich es nicht immer und zu 100 Prozent, doch das ist nicht weiter tragisch. Aber nach und nach immer wieder kleine Dinge zu probieren und vielleicht zu ändern, bringt sehr großen Nutzen.

Gleich zu Beginn: Im Ayurveda gibt es **keine Verbote** und Sie brauchen Fleisch ab jetzt nicht vom Menüplan zu streichen. Es heißt auch nicht, dass man sich im indischen Stil von Reis, Gemüse und Linsen ernährt. Verwechseln wir also die ayurvedische Küche nicht mit einer indisch-vegetarischen Küche, sondern öffnen uns für die internationale Vielfalt der ayurvedischen Ernährung, welche sich an regionalen Ernährungsgewohnheiten orientiert. Mal ein köstliches Wiener Schnitzel oder ein Schweinebraten mit Klößen und Kohl ist – für mich jedenfalls – unwiderstehlich. Es ist alles erlaubt – mit Maß und Ziel natürlich. Das ist in vielen Bereichen des Lebens so, nicht nur beim Essen. Haben Sie unbändigen Appetit auf eine Tiefkühlpizza und denken vielleicht schon tagelang darüber nach, ob Sie sie denn nun essen sollen oder nicht – bitte greifen Sie zu. Keine Frage, es sind Zusatzstoffe enthalten, die nicht förderlich für den Körper sind, und es gibt noch tausend andere Gründe, es zu lassen. Doch eine Ausnahme wird Ihnen nicht den Garaus machen. Aufbacken, hinsetzen und mit Hingabe und Freude essen. Das Wichtigste dabei: OHNE schlechtes Gewissen!

Um ayurvedisch zu kochen, ist es also nicht notwendig, dass Sie all Ihre alten Gewohnheiten ändern. Im Gegenteil, suchen Sie die Wurzeln der eigenen Kultur und Ernährung: In den alten Kochbüchern unserer Großmütter finden wir das traditionelle Wissen der hiesigen Kräuter- und Ernährungslehre, die in vielen Bereichen deckungsgleich mit den ayurvedischen Prinzipien ist. Um die **Wirkung der Gewürze**, die Heilkraft von deftigen Bohneneintöpfen und die energetische Erneuerung durch Früchte und Gemüse wusste man auch in unserem Kulturkreis. Sie benötigen keine „exotischen" Lebensmittel für meine ayurvedischen Gerichte, sondern kochen mit heimischen und saisonalen Produkten. Einzige Ausnahme: Gewürze gedeihen nicht alle bei uns, sind aber fast immer in Bio-Qualität im Supermarkt oder Bioladen erhältlich.

Es gibt nicht „die" ayurvedische Küche, sondern viele verschiedene Möglichkeiten, die universellen **Prinzipien der ayurvedischen Ernährung** anzuwenden. Hülsenfrüchte sind ideale pflanzliche Eiweißlieferanten und an Tagen, an denen ich kein Fleisch esse, mache ich mir sehr gern Linsen, Bohnen, Kichererbsen & Co. Die Sorge vieler Menschen wegen Blähungen beim Genuss von Hülsenfrüchten ist unbegründet. Wenn sie weich gekocht und mit den passenden Gewürzen zubereitet werden, gibt es auch keine Probleme mit der Verdauung. Ich liebe die Linsenfamilie über alles und wenn ich mittags Hülsenfrüchte esse, halte ich den Nachmittag über sehr gut durch oder habe abends keinen Hunger. Aber nicht, weil sie mir im Magen liegen und ich sie nicht verdauen kann, sondern weil sie mich ganz anders sättigen als eine Portion Pasta mit Sauce (obwohl ich Pasta auch sehr liebe). Als gute Alternative zu Pasta aus Dinkel oder Weizen habe ich Nudeln aus Kichererbsen oder roten Linsen gefunden – es gibt sie in immer mehr Supermärkten. Ich habe danach keinen Heißhunger auf Süßes und denke nicht einmal an Essen – sehr interessant, wie ich finde. (Appetit auf Süßes nach dem Essen ist übrigens ein Zeichen, dass etwas nicht richtig verdaut wird.) Ob Sie vorgegarte Hülsenfrüchte im Glas oder in der Dose kaufen, getrocknete Kichererbsen oder Linsen einlegen und kochen, auf tiefgekühltes Gemüse zurückgreifen oder frische Ware bevorzugen – vollkommen egal. Hauptsache, Sie legen los und machen es sich am Anfang leicht. Alles Weitere ergibt sich von selbst.

Die ayurvedischen Ernährungsprinzipien auf alle Mahlzeiten des Tages konsequent anzuwenden, ist unter den heutigen Lebens- und Arbeitsbedingungen oftmals schwer. Doch auch kleine Veränderungen oder Ergänzungen stellen eine große Bereicherung dar. Probieren Sie einfach, einmal in der Woche mit einem warmen Getreidebrei und gedünstetem Obst in den Tag zu starten. Mittags einmal statt Fleisch auf Hülsenfrüchte und Gemüse umzusteigen und abends anstelle eines deftigen Abendbrots mit Schinken und Käse eine gute Suppe oder leichte Pasta zu essen. Und ich meine wirklich: an einem Wochentag das Frühstück, an einem anderen Tag das Mittagessen und wieder an einem anderen das Abendessen zu ändern. Nicht alles an einem Tag, sonst artet es möglicherweise in Stress aus.

Spüren Sie an diesen Tagen in sich hinein, was sich so tut:

- Habe ich zwei Stunden nach dem Frühstück schon wieder Hunger oder halte ich gut durch bis zum Mittagessen?
- Habe ich ein Tief nach dem Mittagessen und würde am liebsten schlafen oder kann ich mich noch gut konzentrieren?
- Wache ich nach einem leichten Abendessen am nächsten Morgen ausgeschlafener auf? Konnte ich schneller einschlafen? Habe ich tiefer geschlafen und vielleicht auch weniger geträumt?

Seien Sie es sich wert und versuchen Sie, sich ganzheitlich im Sinne des Ayurveda zu ernähren, um Ihren Körper und Ihren Geist mit neuer Kraft und Lebensfreude zu versorgen. Ayurvedisch kochen ist keine neue Heilslehre, aber sie ist eine zusätzliche Möglichkeit, gesund und köstlich zu essen. Nie mehr Schnitzel oder Sachertorte? Dafür gibt's wahrlich keinen Grund. Aber vielleicht geht es Ihnen ganz so wie mir: Immer öfter Lust auf Ayurveda …

Zu guter Letzt: Im Ayurveda gibt es die **80-20-Regel.** Zu 80 Prozent sollte man sich an Empfehlungen halten, 20 Prozent sind für die Seele.
Das allein ist schon ein Grund, es auszuprobieren. Von mir bekommen Sie die passenden Rezepte und Praxisanleitungen, die Ihnen eine Alternative zum Altbekannten ermöglichen.

AYURVEDISCH KOCHEN

Gelassenheit setzt Sicherheit und Vertrauen voraus. Für das Kochen heißt das: Probieren Sie etwas aus und erwarten Sie nicht gleich, dass es perfekt wird – Perfektion gibt es sowieso nicht. Beim nächsten Mal ändern Sie einfach, was Ihnen nicht gefallen und geschmeckt hat. Bald entwickeln Sie ein Gespür dafür und das Kochen geht Ihnen immer leichter von der Hand.

Das A und O beim ayurvedischen Kochen ist das **Anbraten oder Anrösten der Gewürze,** denn dadurch werden ihre ätherischen Öle freigesetzt. Würden Sie Gemüse mit Gewürzen nur in Wasser kochen und danach abseihen, röche es zwar gut in der Küche, aber von der Wirkung der Gewürze hätten Sie nicht viel. Um Gewürze zu zerkleinern oder fein zu mahlen, leistet ein Mörser gute Dienste. Sie können auch eine elektrische Kaffeemühle zu Hilfe nehmen. Im Prinzip können Sie fast alle Gewürze verwenden, es ist reine Geschmackssache. Einfach ausprobieren und loslegen.

Ein Tipp jedoch vorab: Bei Gewürzen ist weniger mehr. Als ich anfing ayurvedisch zu kochen habe ich unzählige (eigentlich viel zu viele) verschiedene Gewürze im Mörser zusammengemischt. Das große Geschmackserlebnis blieb leider aus. Danach habe ich mich auf drei bis vier Sorten beschränkt und siehe da, es hat viel besser geschmeckt. Mittlerweile sind auch fertige Gewürzmischungen in Bio-Qualität erhältlich. Sie schmecken fantastisch und sind einfach bei der Hand, wenn es mal schnell gehen muss.

Das bevorzugte Fett zum Kochen im Ayurveda ist **Ghee.** Geklärte Butter, selbstgemachtes Butterschmalz oder Butterfett und im Ayurveda das Ghee – es ist ein und dasselbe. Ghee ist ein besonders leicht verdauliches und reines Fett, da es durch seine Zubereitungsart keine Eiweißanteile enthält, die beim Erhitzen härten könnten. So kann das Ghee durch unsere Arterien fließen, ohne diese zu verstopfen. Bei der Herstellung verdampft das gesamte enthaltene Wasser, somit kann das Fett auch nicht ranzig werden und ist monatelang haltbar. Ein Rezept finden Sie auf Seite 72. Im Supermarkt gibt es industriell hergestelltes Butterschmalz zu kaufen, aber außer der hohen Erhitzbarkeit hat es mit selbst gekochtem Ghee keine Gemeinsamkeit. Dieses Fett wird durch Zentrifugieren hergestellt – es ist somit ein ganz anderer Herstellungsprozess.
Ein paar Tipps für Ghee:

- Mindestens 500 g Butter verwenden und beim Kochen aufpassen, dass es nicht zu schnell geht. Von 500 g Butter bleiben in etwa 350 g reines Ghee übrig.
- Immer einen Kochlöffel im Topf lassen, da es sonst schnell in die Höhe blubbern kann. Ein Kochkursteilnehmer erklärte mir einmal, dass dies „Siedeverzug“ heißt.
- Die Butter bei geringer Hitze schmelzen, bis sie zu kochen beginnt, dann die Hitze nochmals reduzieren.
- Den Schaum während des Kochens schöpfe ich nicht ab. Er verkrustet, ein Teil setzt sich am Boden ab und der Rest schwimmt oben.
- Am Anfang können Sie immer wieder umrühren, damit nichts anbrennt. Sobald die Butter etwas klar wird, man jedoch noch nicht bis zum Boden sehen kann, nicht mehr umrühren, sondern einfach köcheln lassen.
- Wenn sich am Topfboden ein goldgelber Satz gebildet hat und die Butter ganz klar ist, ist das Ghee fertig und bereit zum Abseihen.
- Ich seihe es immer zunächst in einen anderen Topf ab und fülle es dann erst in Gläser um. Vorsicht, es ist sehr heiß!
- Es empfiehlt sich, gleich mehr zu machen: In Gläser abgefüllt und kühl gelagert hält Ghee sehr lange.

Und noch zwei Tipps (aus eigener, leidvoller Erfahrung):

- Einmal kann es verbrennen – danach passiert Ihnen das nie wieder.
- Auf einer Scheibe Brot schmeckt es leider so gar nicht.

Die Gründe, warum man von Anfang an alles in einer Mischung aus Ghee und Gewürzen kocht, sind folgende:

- Durch Ghee werden die Gewürze aufgeschlossen,
- die Wirkung der Gewürze geht besser in die Nahrung ein,
- die Nahrung und die Vitamine werden vom Körper besser aufgenommen und verwertet.

Ghee geht als einziges Fett direkt in die Zellen des Körpers und ist das beste Transportmedium von Nahrung für den Körper.

Honig wird im Ayurveda als Lebens- und Süßungsmittel hochgeschätzt. Er ist laut Ayurveda ein „reines" Nahrungsmittel und fördert die Einheit von Körper und Geist. Außerdem hat Honig die Eigenschaft, Kapha zu reduzieren – und das trotz seines süßen Geschmacks. Ebenso regt er unser Verdauungsfeuer Agni an und bringt den Stoffwechsel in Schwung. Besonders gilt das für Honig, der älter als ein Jahr ist. Junger Honig hingegen spendet Energie. Allerdings gibt es bei diesem gesundheitsfördernden Vitalspender auch einige Dinge zu berücksichtigen: Erwärmen Sie Honig bitte nie über 40 °C, denn erhitzter Honig fördert im Organismus Ama, also unverdaute Stoffwechselrückstände. Ebenso gehen dadurch unter anderem wertvolle Enzyme verloren. Somit sollte man Honig nicht zum Backen oder Kochen verwenden. Wenn Sie Ihren Tee bevorzugt mit Honig gesüßt trinken, rühren Sie den Honig erst ein, wenn die heiße Flüssigkeit auf eine trinkfähige Temperatur abgekühlt ist. Und wie so oft gilt auch hier: Auf heimische Produkte zurückgreifen!

Beginnen wir nun mit dem Kochen: Es empfiehlt sich, vorab schon das Gemüse zu schneiden und alle Zutaten und Gewürze vorzubereiten, damit beim Kochen keine Hektik aufkommt. Wenn Sie mehrere Speisen kochen, dann beginnen Sie immer mit den Hülsenfrüchten, denn diese brauchen am längsten.

Einen Topf oder eine Pfanne mit dickem Boden auf den Herd stellen und erhitzen. Etwas Ghee oder (falls es Ihnen gerade ausgegangen ist) Öl hinzugeben und erhitzen – aber Vorsicht, nicht überhitzen. Dann die ganzen und gemörserten Gewürze unter Rühren anbraten und die restlichen Zutaten beigeben. Mit etwas Wasser oder Brühe aufgießen und köcheln

lassen. Gemahlene Gewürze kommen erst anschließend oder im weiteren Verlauf des Kochens dazu.

Ich koche meist Basmatireis, weil er mir gut schmeckt und leicht verdaulich ist. Sie können natürlich auch jede andere Reissorte verwenden. Vollkornreis benötigt mehr Zeit zum Garen, deswegen am besten zeitgleich mit den Hülsenfrüchten zubereiten. Gemüse schneide ich gern in etwas größere Stücke, und das hat zwei Gründe:

- Es gefällt mir optisch besser (und ist zudem weniger Arbeit).
- Der Garvorgang dauert länger und ich muss nicht ständig nachschauen und aufpassen, ob es nicht zu weich wird. Ist das Gemüse fast fertig, den Topf zur Seite ziehen, einen Deckel aufsetzen und einige Minuten nachziehen lassen.

Natürlich kann auch mal etwas schiefgehen, z.B. das Ghee oder Öl zu heiß werden. Das ist nicht weiter schlimm, lassen Sie es auskühlen, entsorgen es und starten von vorn. Auf keinen Fall Gewürze in das zu heiße Fett geben, sie verbrennen sofort und das ganze Gericht schmeckt am Ende nicht – glauben Sie mir, ich spreche aus Erfahrung.

Bereiten Sie eines nach dem anderen zu, es läuft nichts davon. Ist eine Komponente früher fertig als gedacht, einfach abdecken und warm halten. Köchelt alles vor sich hin und Sie haben „Leerlauf", nehmen Sie sich die Zeit, die Küche noch etwas aufzuräumen – danach können Sie Ihre köstliche Mahlzeit mit allen Sinnen voll genießen.

VERWENDUNG VON GEWÜRZEN & KRÄUTERN

Was wäre die ayurvedische Küche ohne Gewürze? Durch ihre unterschiedliche Wirkung machen sie Speisen leichter, verträglicher und natürlich sehr schmackhaft. Somit sind sie „die Seele der ayurvedischen Küche". Bereits kleine Mengen der intensiven Geschmacks- und Wirkstoffträger haben die Kraft, die Qualitäten von anderen Nahrungsmitteln zu verändern bzw. auszugleichen. Es sollte stets darauf geachtet werden, dass die Gewürze möglichst frisch, von bester Qualität und aus biologischem Anbau sind. Frische Gewürze haben eine stärkere Würzkraft als alte, da die ätherischen Öle, die das Aroma bestimmen, sich mit der Lagerung leicht verflüchtigen. Ich bewahre die wertvollen Samen und Pulver immer dunkel – entweder in farbigen Gläsern oder kleinen Gewürzdosen – auf und schütze sie vor direkter Sonneneinstrahlung. Die Würzkraft der Gewürze entfaltet sich am besten, wenn sie direkt vor Gebrauch in einem Mörser oder einer Gewürzmühle gemahlen werden. Je nach Ihrem persönlichen Geschmacksempfinden können Sie jedoch auch die ganzen Samen verwenden.

Gewürze und Gewürzmischungen

Letztes Jahr im Herbst habe ich Uta, eine Freundin, mit der ich gemeinsam die Kochausbildung absolviert habe, in Deutschland besucht. Für die Leidenschaft, mit der Uta am Herd steht, fehlen mir beinahe die Worte: Sie wählt mit einer solchen Hingabe Gewürze aus, da spürt (und schmeckt) man die Liebe, mit der sie kocht. Im Alltag und Beruf hatte ich dieses Bewusstsein manchmal aus den Augen verloren. Bei Uta habe ich wiederentdeckt, wie sehr ich es genieße, in Ruhe und mit Bedacht zu kochen. Gewürze zu mörsern hat etwas beinahe Meditatives. Und allein der Duft, der dabei freigesetzt wird … An Tagen, an denen es ruckzuck gehen muss, greife ich gern auf Gewürzmischungen zurück. Wichtig ist, dass es unkompliziert bleibt.

Abschließend noch ein Tipp: **„Gut gewürzt ist halb gesalzen.“**

Folgende Gewürze werden in der ayurvedischen Küche häufig verwendet:

Ajowan, auch Ajwain oder Königskümmel genannt, erinnert im Aroma an Thymian und Oregano. Der aromatische Geschmack passt sehr gut zur mediterranen Küche, ebenso zu Schmorgurken, grünen Bohnen und Paprikagemüse. Er macht schwer verdauliche Gerichte wie Hülsenfrüchte und Speisen mit Kohl leichter.

Asafoetida/Hing ist das getrocknete Harz eines fenchelähnlichen Baumes. Da das Harz pur sehr intensiv ist, wird es meist gemahlen und gemischt mit Reismehl und Kurkuma angeboten. Es riecht sehr streng – bewahren Sie es also immer gut verschlossen auf. Es ähnelt im Geschmack Zwiebeln und Knoblauch, ist sehr verdauungsfördernd und hilft beim Verdauen aller Hülsenfrüchte und schweren Gemüsesorten wie Kohl, Paprika oder Pilze. Eine Messerspitze des Pulvers passt auch wunderbar in Dips und Saucen.

Bockshornklee ist im Ayurveda ein wichtiges Gewürz und zusammen mit Kreuzkümmel und Kurkuma in nahezu jeder Currymischung zu finden. Die Samen sollte man vorsichtig dosieren, da sie sehr bitter schmecken. Sie können die ganzen Samen oder die Blätter in einen Brotteig geben und ihm so eine ganz besondere Note verleihen. Bockshornkleesamen verwende ich in jedem Linsengericht, um es bekömmlicher zu machen, und kombiniere sie gern mit Spinat, Blumenkohl und Kartoffelgerichten. Die Blätter schmecken auch wunderbar in Suppen und Eintöpfen.

Chili regt das Verdauungsfeuer an. Die feurige Schärfe von Chilis ist nicht bei allen gleichermaßen beliebt – die Speisen im Ayurveda sind immer leicht pikant gewürzt, aber niemals richtig scharf. Das Chutney, das meist separat gereicht wird, enthält hingegen oft viel Chili und kann daher schön scharf sein, ganz nach eigenem Geschmack. Meist bedient man sich nach Lust und Laune. Frische Chilis verwende ich für Gemüse und Hülsenfrüchte, die getrockneten Schoten für Saucen, die am Schluss gemixt werden.

Fenchelsamen sind sehr wohltuend, haben ein anisähnliches Aroma und sind in vielen Gewürzmischungen wichtiger Bestandteil. Sie passen zu fast allen Gemüsegerichten, zu Hülsenfrüchten, Fischgerichten sowie Lamm und harmonieren auch sehr gut mit der italienischen Küche.

Gewürznelken wärmen den Körper und das Herz – deshalb liebt man sie vor allem im Winter. Die Aromastoffe entfalten sich beim Kochen besonders gut, weshalb man sie zu Beginn der Zubereitung beigeben sollte – im Ganzen oder gemahlen. Nelken passen sehr gut zu Kohlgerichten, insbesondere zu Rotkohl. Ebenso schmecken sie zu Hülsenfrüchten, Obstkompotten, süßem Gebäck und Chutneys.

Ingwer kann sowohl frisch als auch getrocknet verwendet werden. Frisch kann man ihn fein schneiden oder reiben und dem Gericht beigeben oder einfach eine Scheibe hinzufügen und nach dem Kochen wieder entfernen. Er passt hervorragend in Gemüsegerichte, Chutneys und zu Hülsenfrüchten, ebenso zu Süßspeisen und Obstkompotten. Auch in Marinaden und Pasten, zu Fleisch- und Fischgerichten findet er Verwendung, zu einem Sirup gekocht eignet er sich für verschiedene Getränke. Getrockneten Ingwer verwende ich gern in Backwaren.

Kakaobohnen – der aromatische, fein-bittere Geschmack zügelt Heißhunger und gibt Kraft für den Tag. Geschälte und zerkleinerte Kakaobohnenstückchen werden Kakaonibs genannt. Ich verwende sie im ayurvedischen Gewürzkaffee, in Getreidewaffeln, Cremes (köstlich in Kombination mit Tonkabohne) oder einfach zum Knabbern.

Grüner Kardamom gehört zur Gattung der Ingwergewächse und gilt als wahres Multitalent. Die dunklen Samen befinden sich in einer dünnen, grünen Kapsel und haben ein süß-scharfes Aroma. Kardamom gibt sowohl Gemüse-, Fleisch-, Reis- und Linsengerichten als auch Getreidebeilagen eine feine, aromatische Note. Er passt sehr gut zu gedünstetem Obst – perfekt mit Bananen – und Süßspeisen, die aus Milchprodukten zubereitet werden, da er zusammen mit Ingwer und Kurkuma die schleimbildende Wirkung der Milch neutralisiert. Tee und Kaffee lassen sich mit Kardamom geschmacklich verfeinern und bekömmlicher machen. Sie können die grünen Kapseln aufbrechen – dann wird mehr Geschmack freigesetzt –

und durch die Beigabe von Kapseln und Samen einem Gericht eine dezente Note verleihen oder die Samen aus der Kapsel nehmen, mörsern und als Pulver verwenden.

Knoblauch mag man – oder eben nicht. Aufgrund seines intensiven Geruchs gehen die Meinungen weit auseinander. Ich verwende sowohl frischen Knoblauch als auch getrockneten und zu Pulver vermahlenen. Ist der Keimling im Inneren der frischen Zehe schon zu grün, entferne ich ihn, da er bitter schmeckt. Auch sollte Knoblauch nicht zu braun gebraten werden, da er sonst ebenfalls bitter wird. Dezenter wird er im Geschmack, wenn man die geschälten Zehen vor der Verwendung kurz in Wasser oder Milch kocht. Für eine leichte Knoblauchsauce die Zehen mit der Schale von der Knolle trennen und im Backofen bei 160 °C garen, bis der Knoblauch weich ist. Danach die Zehen aus der Schale lösen und weiterverwenden. Knoblauch passt zu Fleischmarinaden, Gemüsegerichten, Saucen und Dips und harmoniert gut mit Kreuzkümmel und Koriandersamen.

Koriandersamen verleihen allen Speisen ein frisches und zitroniges Aroma. Sie können die Körnchen in eine Pfeffermühle füllen und haben sie so immer rasch zur Hand. Koriander passt zu nahezu jedem Gemüsegericht, zu pikanten Tomatengerichten, Suppen und Hülsenfrüchten. Auch Fisch würze ich immer mit Koriandersamen. Koriander wird in den meisten Gewürzmischungen verwendet.

Kreuzkümmel ist ebenso wie unser heimischer Kümmel ein Doldenblütengewächs, aber ganz anders im Geschmack. Die Samen sind wichtiger Bestandteil von Currymischungen und entfalten in Ghee angeröstet ein wunderbares Aroma. Kreuzkümmel verfeinert Kohl- und Kartoffelgerichte, passt zu fast jedem Gemüse und auch zu Hülsenfrüchten. Ebenso gibt man ihn an Fleisch- und Fischgerichte, insbesondere an Chili con Carne. Sie können die ganzen Samen verwenden oder diese vor der Zubereitung mörsern. Kreuzkümmel hat einen leicht scharfen und intensiven Geschmack, deshalb rate ich zunächst zu einer vorsichtigen Dosierung.

Kurkuma ist ein ganz klassisches Gewürz im Ayurveda und verleiht jeder Currymischung ihre schöne gelbe Farbe. Es wird meist gemahlen angeboten, da die getrockneten Wurzeln sehr hart und somit nur sehr schwer zu zerkleinern sind. Ich röste Kurkuma nicht in Ghee an, sondern gebe es erst nach dem Aufgießen mit Wasser zum Gericht. Bitte vorsichtig dosieren, da der Geschmack sonst zu bitter wird. Kurkuma eignet sich für alle Gemüsecurrys, (Blumen-)Kohl sowie Reis- und Linsengerichte.

Muskatblüte, auch Macis genannt, ist die getrocknete Hülle der Muskatnuss. Sie sollte vorsichtig dosiert werden und passt wunderbar in alle Speisen, in denen man auch Muskatnuss verwendet. Wenn Sie ein

Reisgericht oder eine klare Suppe zubereiten, können Sie ein Stück mitkochen. Man kann die Muskatblüte sowohl mörsern als auch als Ganzes dem Gericht beigeben.

Muskatnuss sollte immer im Ganzen gekauft und frisch gemahlen werden, da sie sonst viel von ihrem Geschmack und Aroma verliert. Muskatnuss stets nur in kleiner Menge dazugeben – so verfeinert sie Süßspeisen, Hülsenfrüchte und Gemüse- und Kartoffelgerichte. Bei einer zu hohen Dosierung kann die Muskatnuss halluzinogene Wirkung entfalten – allerdings wäre das Gericht vorher schon ungenießbar.

Piment erinnert im Aroma an Gewürznelken, Muskat und Zimt. Er ist eine beliebte Zutat für Backwaren, gedünstetes Obst, zum Einlegen von Gemüse und für Chutneys. Ebenso lässt er sich für schwerverdauliche Speisen wie Kohl und Hülsenfrüchte verwenden. Man kann ihn mörsern oder im Ganzen mitschmoren.

Safran gehört zur Familie der Krokusgewächse. Geerntet werden die drei orange-roten Stempelfäden der Safranblüte. Diese werden dann schonend getrocknet und verlieren dabei viel an Gewicht. Für ein Kilo Safran benötigt man bis zu 150.000 Blüten – oder andersherum gesagt: Mindestens 150 Blüten sind für ein Gramm Safran notwendig! Die Produktion dieses kostbaren Gewürzes erfolgt in Handarbeit und somit rechtfertigt sich auch der hohe Preis. Safran schmeckt süß, etwas herb und angenehm bitter und riecht einzigartig aromatisch. Zur Verwendung Safranfäden in etwas warmes Wasser einlegen und mit der Flüssigkeit dem Gericht gegen Ende der Garzeit beifügen, so geht am wenigsten vom fantastischen Aroma verloren. Zum Aromatisieren von Suppen, Reisgerichten (z.B. die spanische Paella), Saucen zu Fisch und Gemüse, aber auch für Süßspeisen. Als feine Dosierung reichen pro Portion 3–5 Fäden.

Salz wird im Ayurveda durch seine leichten und kühlen Eigenschaften sehr geschätzt. Steinsalz wird dabei allen anderen Salzen vorgezogen. Naturbelassenes Salz enthält alle Elemente der Erde – im Verhältnis, wie es der Körper braucht. Tipp: Einen Salzbrocken in ein 400 ml fassendes Schraubglas geben, mit Wasser auffüllen, verschließen und einige Tage stehen lassen. Das Salz löst sich auf und das Wasser wird zu einer gesättigten Lösung mit 26 Prozent Salzanteil. (Ist das Wasser verbraucht, das Glas einfach wieder neu anfüllen – das Salz löst sich immer nur so weit auf, bis die Lösung gesättigt ist.) 1 TL dieser Lösung in ein großes Glas Wasser geben und am besten morgens trinken.

Schwarzkümmelsamen, auch Nigella genannt, erinnern im Geschmack an Oregano und Thymian, haben eine leichte Zwiebelnote und schmecken sehr gut zu Kohl- oder Kartoffelgerichten und zu Kürbis. Ich empfehle, ihn nicht mit zu vielen anderen Gewürzen zu kombinieren, sondern eher solo einzusetzen. Man kann die Samen in Fladenbrotteige mischen und dem Brot so ein leicht pfeffriges Aroma verleihen.

Senfsamen sind ganz typisch für die ayurvedische Küche. Ohne die kleinen braunen oder schwarzen Körnchen wäre sie nicht sie selbst. Angeröstet oder gedünstet schmecken die Samen sehr gut zu deftigen Gemüse- oder Fischgerichten sowie zu Hülsenfrüchten und wirken verdauungsfördernd. Senfsamen verwende ich immer im Ganzen, sie werden vorab in Ghee angeröstet, bis sie im Topf zu springen beginnen.

Sternanis harmoniert perfekt mit Zitrusfrüchten, insbesondere mit Orangen, aber auch mit Ananas, Birnen und Äpfeln. Sternanis können Sie als Ganzes dem Gericht beigeben oder grob mörsern und in etwas Ghee leicht anrösten. Vorsichtig dosieren – auch hier ist weniger mehr.

Tonkabohnen haben einen betörenden Duft nach Vanille und Mandeln. Sie haben eine schwarze, dünne Schale, die man mit einem Messer vorsichtig abschaben kann. Danach lässt sich die Bohne mühelos im Mörser zerkleinern – oder man greift zur Muskatreibe. Hervorragend zu gedünsteten Birnen, Ananas und Bananen. Herrlich im ayurvedischen Kaffee und in Konfitüren. Ebenso findet sie in Cremes, Kuchen, Torten und Süßspeisen Verwendung. Vorsichtig dosieren.

Zimt ist ein klassisches Wintergewürz und mit seinem süßen, lieblichen und leicht scharfen Geschmack unverzichtbar für Süßspeisen, gedünstetes Obst und Weihnachtskekse. Ebenso verwende ich ihn sehr gern bei herzhaften Gemüsecurrys, Schmor- und Reisgerichten. Er hat eine besondere Eigenschaft: Er belebt und entspannt Körper und Geist gleichzeitig.

Die folgenden Mischungen wurden von **Kerstin Rosenberg** nach allen Regeln der ayurvedischen Kochkunst zusammengestellt.
Ich stelle Ihnen nun vor, wie und wofür ich sie verwende.

Und warum ich sie verwende, verrate ich Ihnen auch noch:

1. Weil die Gewürze super abgestimmt sind.
2. Weil ich mich schon alleine in den Duft eingraben könnte.
3. Weil sie zu 100 Prozent aus biologischen Zutaten zubereitet werden.
4. Weil mir die verschiedenen Namen und die Etiketten so gut gefallen. (Aufs Äußere kommt es eben doch auch an.)

Ich mische auch untereinander und verwende z.B. 1 TL Enjoy Pitta und gebe als zusätzliche Schärfe noch eine Messerspitze (oder mehr) Hot India dazu. Probieren Sie sich einfach durch und kochen Sie nach Lust und Laune.

ayur SPICE
Tasty Chutney
Ayurvedische Gewürzmischung
ROSENBERG
ayur SPICE
Lovely Vata
Ayurvedische Gewürzmischung
90 g
ROSENBERG
ayur SPICE
Enjoy Pitta
Ayurvedische Gewürzmischung
80 g
ROSENBERG
ayur
Orient Masala
Ayurvedische Gewürzmischung
ROSENBERG
ayur SPICE
Sweet Krishna
Ayurvedische Gewürzmischung
100 g
ROSENBERG
ayur SPICE
Happy Kapha
Ayurvedische Gewürzmischung
90 g
ROSENBERG
ayur
Ganesha's Lentils
(Hülsenfrüchte)
Ayurvedische Gewürzmischung
ROSENBERG
ayur SPICE
Hot India
Ayurvedische Gewürzmischung
ROSENBERG

Ich habe meinen eigenen Weg gefunden, wann ich welche Gewürze einsetze: Ich rieche an der Mischung und dann entscheide ich, ob ich sie heute für das Gericht verwende oder nicht. Möglicherweise ist es Ihnen lieber, eine Prise zu kosten oder Sie „schmecken" schon im Kopf, welche Mischung passen könnte – wie auch immer, alles ist so in Ordnung.

Enjoy Pitta: Eine meiner Lieblingsmischungen, sie ist wunderbar abgerundet – wahrscheinlich liebe ich sie so wegen der Koriandersamen. Schmeckt herrlich zu Risotto, Pasta, Gemüsegerichten, Huhn und Fisch.
Hauptzutaten: Koriandersamen, Fenchelsamen, Kurkuma, Salbeiblätter

Ganesha's Lentils: Der Name sagt es schon – fast ein Muss zu Gerichten der Linsen-, Erbsen- und Bohnenfamilie. Ich würze damit auch gern Pilze und Kohl. Die Mischung ist etwas schärfer und damit ideal für schwerer verdauliche Speisen.
Hauptzutaten: Kreuzkümmel, Koriandersamen, Senfsamen, Chili, Fenchelsamen

Happy Kapha: Eine pikante Mischung, die das Verdauungsfeuer anheizt. Die enthaltenen Berberitzen machen sie schön fruchtig. Super für Ofengemüse, Hülsenfrüchte, Kartoffeln und Wurzelgemüse.
Hauptzutaten: Ingwer, Kreuzkümmel, Ajowan, Thymian, Berberitzen

Hot India: Eine Currymischung mit angenehmer Schärfe, die ich sehr gern in Suppen, in Getreidebratlingen, zu Hülsenfrüchten und allen Arten von Gemüse verwende.
Hauptzutaten: Kurkuma, Koriandersamen, Kreuzkümmel, Bockshornkleesamen, Curryblätter

Italian Curry: Diese Mischung kommt bei mir in (fast) jedes Pastagericht. Passt wunderbar zu mediterranem Gemüse oder Pilzen und eignet sich auch hervorragend für Grillmarinaden.
Hauptzutaten: Fenchelsamen, Oregano, Basilikum, Kreuzkümmel

Lovely Vata: Eine milde, angenehme Mischung, die ich sehr gern für Cremesuppen, Wurzelgemüse, Aufstriche und Reisgerichte verwende.
Hauptzutaten: Kreuzkümmel, Fenchelsamen, Muskat, Ajowan

Orient Masala: Ein heißer Tipp zu Kürbisgerichten – sei es eine Suppe, ein Curry oder gebratene Kürbisscheiben aus dem Ofen. Ebenso lassen sich Fleischeintöpfe, Reis, Couscous und Gemüse damit köstlich würzen.
Hauptzutaten: Kreuzkümmel, Zimt, Kardamom und Nelken

Sweet Krishna: DIE Mischung schlechthin für Süßspeisen, Kuchen und Frühstücksbrei. Mein Favorit für alle Arten von gedünstetem Obst, Kompotten und Fruchtmus.
Hauptzutaten: Kardamom, Zimt, Nelken, Piment, Ingwer

Tasty Chutney: Ingwer-Liebhaber sind hier an der richtigen Adresse. Für Chutneys, Saucen und Dips – aber auch zum Verfeinern von Suppen oder Marinaden für Fleisch und Fisch.
Hauptzutaten: Ingwer, Bockshornkleesamen, Langer Pfeffer, Korianderblätter

Sie können natürlich auch **selbst Gewürzmischungen herstellen.** Drei möchte ich Ihnen hier vorstellen, die Zubereitung finden Sie im Rezeptteil:

Balance Mix (s. S. 76) wirkt aufbauend und ausgleichend – **für Vata.** Diese milde Gewürzmischung lässt sich gut für Suppen, Eintöpfe und Gemüse verwenden.

Spicy Mix (s. S. 76) hat eine würzige Note und wirkt ausgleichend – **für Pitta.** Die Mischung eignet sich hervorragend für Pasta, Bratlinge und Gemüse.

Stimulate Mix (s. S. 77) wirkt anregend und ist etwas pikanter – **für Kapha.** Die Gewürzmischung passt sehr gut zu Hülsenfrüchten, Chutneys und Dips.

Kräuter

Basilikum wird in Indien als heilige Pflanze bezeichnet, seine Eigenschaften sind ausgleichend und harmonisierend. Sowohl getrocknet als auch frisch schmeckt es besonders gut zu allen Sommergemüsen wie Tomaten, Zucchini, grünen Bohnen, ebenso zu Gemüse- und Pastagerichten. Frisches Basilikum erst kurz vor Gebrauch fein schneiden oder zupfen und am Ende dem Gericht hinzufügen.

Beifuß gibt es in frischer, gerebelter oder gemahlener Form. Er hat einen frisch-würzigen und leicht bitteren Geschmack und hilft, fette und schwere Gerichte leichter zu verdauen. Daher verwendet man ihn häufig zu Kohl- und Eintopfgerichten.

Bohnenkraut hilft, Bohnen- und Hülsenfrüchtegerichte besser zu verdauen, und gibt den Gerichten eine angenehme Schärfe. Es passt auch sehr gut zu Suppen und Kartoffelgerichten. Vorsichtig dosieren und erst am Ende des Kochvorganges hinzufügen, da es sonst bitter wird.

Borretsch findet frisch oder getrocknet in Kartoffelgerichten, Bohnen- und Gurkengemüse sowie in Salaten Verwendung.

Dill passt als frisches Kraut gut zu Salaten, Kartoffel- und Gemüsegerichten sowie Suppen. Ebenso schmeckt er in Joghurtdips und Gemüse-Kräuter-Saucen.

Kerbel hat einen ähnlichen Geschmack wie Petersilie und kann ebenso verwendet werden. Passt feingehackt gut zu Suppen, Kartoffeln und Hülsenfrüchten, verfeinert Salate und Gemüse. Auch getrocknet kann er verwendet werden, würzt dann allerdings weniger intensiv.

Liebstöckel hat einen intensiven, sellerieähnlichen Geschmack und schmeckt sehr gut in Suppen und Eintöpfen. Sparsam dosieren, da er sonst alles übertönt.

Majoran gibt es frisch oder gerebelt. Das frische Kraut fein hacken und erst nach dem Kochen zur Speise geben, gerebelt kann ihn man gegen Ende der Garzeit beigeben und kurz mitkochen. Majoran schmeckt wunderbar zu deftigen Gemüsegerichten und Suppen und harmoniert ebenso mit Hülsenfrüchten und Kartoffeln.

Petersilie schmeckt am besten frisch geschnitten und sollte erst gegen Ende frisch zum Essen gegeben werden. Schmeckt zu Salaten, Gemüse, Chutneys, Suppen, Saucen – also eigentlich überall.

Pfefferminze gibt Speisen eine eigene Frische und sollte dezent eingesetzt werden. Für Salate, kühlende Joghurtgerichte, scharfe Chutneys, gekühlte Sommerdrinks und Tees.

Rosmarin passt sehr gut zu Auberginen, Zucchini und Paprika und eignet sich für Marinaden und Schmorgerichte.

Salbei ist sehr geschmacksintensiv und sollte vorsichtig dosiert werden. Er ist ein beliebtes Würzkraut in Salat- und Gemüsesaucen, italienischen Pasta- und mediterranen Gemüsegerichten.

Thymian hat ein angenehmes Aroma und schmeckt hervorragend zu Suppen, Saucen, Tomaten, Marinaden und Hülsenfrüchten.

Passende Gewürze und Kräuter für Gemüse und Obst

Die folgenden Empfehlungen für harmonische Kombinationen von Gemüse bzw. Obst mit Gewürzen und Kräutern beruhen auf meinen Erfahrungen.

Die Kombinationen sind Anregungen und können nach Geschmack abgewandelt werden. Auch bedeutet es nicht, immer alle Gewürze gemeinsam zu verwenden, da sie sich teilweise überdecken können.

GEWÜRZE FÜR GEMÜSE

Frisches Gemüse ist der wichtigste Energieträger in der ayurvedischen Küche und wertvoller Grundbestandteil jeder Mahlzeit. Es lässt sich mit allen anderen Nahrungsmitteln auf verschiedenste Art und Weise kombinieren. Im Ayurveda wird gekochtes Gemüse empfohlen, da es leichter verdaulich ist und besser aufgeschlüsselt werden kann als Rohkost.

Auberginen: Knoblauch, Kreuzkümmel, Kurkuma, Rosmarin, Thymian
Tipp: Auberginen vor dem Braten immer einsalzen, danach mit kaltem Wasser abspülen und trocken tupfen. Vor dem Braten in einer Pfanne

wende ich sie vorher in etwas Mehl, dann saugen sie sich weniger mit Fett voll. Beim Garen im Ofen ist kein Mehl notwendig.

Blumenkohl: Kardamom, Koriandersamen, Kurkuma, braune Senfsamen

Brokkoli: Chili, Knoblauch, Kurkuma, braune Senfsamen

Fenchel: Fenchelsamen, Kardamom, Koriandersamen

Gurken: Dill, Kurkuma, Kreuzkümmel, braune Senfsamen
Tipp: Gurken immer schälen und entkernen, da sie sonst schwer verdaulich sind. Als Schmorgurken sind sie bekömmlicher.

Karotten: Fenchelsamen, Ingwer, Kurkuma, braune Senfsamen

Kartoffeln: Asafoetida, Bockshornkleesamen und -blätter, Muskatnuss und -blüte, Pfeffer

Kohl: Asafoetida, Bohnenkraut, Fenchelsamen, Kreuzkümmel, Majoran, Schwarzkümmelsamen, braune Senfsamen

Kohlrabi: Koriandersamen, Kurkuma

Kürbis: Kreuzkümmel, Kurkuma, Schwarzkümmelsamen, braune Senfsamen, Thymian

Paprika: Basilikum, Kurkuma, Kreuzkümmel, Rosmarin, Thymian
Tipp: Roh ist Paprika schwer verdaulich, ich bevorzuge sie gegart und geschält. Dazu die Paprikaschoten vierteln und von den Kernen befreien, mit der Hautseite nach oben auf ein Backblech mit Backpapier legen und bei 200 °C ca. 20 Minuten auf der oberen Schiene im Ofen garen. Wenn die Haut Blasen wirft, Paprika herausnehmen, auskühlen lassen, die Haut abziehen und das Fruchtfleisch weiterverarbeiten.

Rote Bete: Ingwer, Lorbeer, Nelken, Piment, Wacholder

Spargel: Fenchelsamen, Koriandersamen, Schwarzkümmelsamen, braune Senfsamen

Spinat: Bockshornkleeblätter, Knoblauch, Koriandersamen, Kümmel, Kurkuma, Muskatnuss und -blüte

Tomaten: Basilikum, Knoblauch, Kreuzkümmel, Kurkuma, Rosmarin, Salbei, braune Senfsamen, Thymian
Tipp: Tomaten unbedingt entkernen, da die Kerne schwer verdaulich sind. Tomaten sind sehr sauer, deswegen sollten Sie immer Kurkuma dazugeben, weil es die Säure entschärft.

Zucchini: Basilikum, Knoblauch, Kreuzkümmel, Kurkuma, Rosmarin, Thymian

GEWÜRZE FÜR OBST

Frische Früchte sind bei richtiger Zubereitung und Kombination ein guter Reiniger für den Körper. Sie werden schnell verwertet und schenken dem Körper Energie, ohne ihn durch Verdauungsarbeit zu belasten. Bei falscher oder übermäßiger Einnahme hingegen können Sie zu Verschleimungen führen und das Agni schwächen. Generell sollten rohe Früchte nicht mit anderen Nahrungsmitteln zusammen gegessen werden, da sie sonst zu Ama führen und das Gleichgewicht der Doshas stören.

Ananas: Kardamom, Tonkabohnen
Äpfel: Ingwer, Nelken, Piment, Zimt
Aprikosen: Ingwer, Kardamom, Nelken, Vanille, Zimt
Bananen: Kardamom, Tonkabohnen
Birnen: Ingwer, Tonkabohnen, Zimt
Erdbeeren: Kardamom, Pfeffer, Vanille
Kirschen: Piment, Pfeffer, Zimt
Orangen: Sternanis
Pfirsiche: Kardamom, Piment, Zimt
Pflaumen: Ingwer, Kardamom, Nelken, Piment, Zimt

LINSEN & CO.

Die ideale Zufuhr von Aufbaustoffen und Eiweißen gewinnen wir über **Hülsenfrüchte.** Zusammen mit Reis oder anderen Getreiden versorgen sie den Organismus mit allen notwendigen Aminosäuren, die sonst nur in tierischem Eiweiß enthalten sind. Als **Proteinquelle** sind Hülsenfrüchte somit unerlässlich für einen ausgewogenen Speiseplan, speziell für Vegetarier und Veganer. Im Rezeptteil werde ich Ihnen zeigen, dass Hülsenfrüchte unglaublich vielseitig sind und nicht nur Linsen mit Speck, Würsten und Semmelknödeln denkbare Kombinationen sind.

Sie können getrocknete Hülsenfrüchte verwenden oder, wenn es schnell gehen soll, auf vorgegarte Produkte aus dem Glas oder der Dose zurückgreifen. Manche Hülsenfrüchte sollte man einige Stunden in reichlich kaltem Wasser einweichen, danach gut abspülen und mit frischem Wasser zum Kochen bringen. Channa Dal (geschälte und halbierte Kichererbsen), Mung Dal, Urad Dal (schwarze Bohnen) und getrocknete Erbsen bekommt man meist in Asia-Läden, die übrigen Sorten im Supermarkt und Bioladen. „Dal" bezeichnet die Zutat, ist aber gleichzeitig auch der Überbegriff für ein Gericht mit Hülsenfrüchten. Sie können dieses etwas flüssiger als Suppe zubereiten oder so wie einen Eintopf als Hauptgericht mit Gemüse und eventuell Reis als Beilage servieren. Ich mische sehr gern Kichererbsen mit Mungbohnen oder Linsen, das sieht schön bunt aus und ist eine geschmackliche Abwechslung.

Hülsenfrüchte sollten immer weich gekocht und gut gewürzt werden. Gewürze, die man unbedingt verwenden sollte, sind Kreuzkümmel, Asafoetida, Ingwer und am Schluss Salz und ein Spritzer Zitronensaft oder Essig. Ein bisschen Schärfe sollte auch sein. Wer in der glücklichen Lage ist und eine starke Verdauung hat, kann ohne schlechtes Gewissen jede Sorte genießen. Bei einer trägeren Verdauung empfehle ich rote und gelbe Linsen sowie Mungbohnen. Wer sie gut verträgt, kann nach und nach auch die restlichen Sorten ausprobieren.

Zubereitungstipps:

- **Belugalinsen/schwarze Linsen:** Einweichen ist kein Muss. Kochdauer etwa 40 Minuten.
- **Berglinsen:** Einweichen ist kein Muss. Kochdauer etwa 40 Minuten.
- **Channa Dal** sind geschälte und halbierte Kichererbsen und müssen eingeweicht werden. In letzter Zeit ziehe ich Channa Dal den ganzen Kichererbsen vor, da sie weicher sind.
- **Dicke Bohnen** oder **Saubohnen** verwende ich meist tiefgekühlt. Kurz blanchieren, schon sind sie fertig. Ich mische sie gern unter Salate oder ganz zum Schluss unter Dal.
- **Erbsen** gibt es getrocknet meist geschält und halbiert und müssen einige Stunden eingeweicht werden.
- **Kichererbsen** immer 12 Stunden in kaltem Wasser einweichen und danach 1,5 bis 2 Stunden kochen. Sie müssen richtig weich sein, ansonsten sind sie sehr schwer verdaulich.
- Die **Mungbohne** nennt man auch die „Königin der Hülsenfrüchte". Sie kann als ganze Bohne mit Schale zubereitet werden oder geschält (dann ist sie gelb und halbiert) als klassisches Mung Dal.
- **Rote und gelbe Linsen** sind leicht verdaulich, in etwa 8 Minuten gekocht, ein Einweichen erübrigt sich. Rote Linsen verlieren leider ihre schöne rote Farbe und werden nach dem Kochen gelblich.
- **Schwarze Bohnen (Urad Dal)** sind sehr schwer verdaulich und sollten nur gegessen werden, wenn man eine starke Verdauung hat – und auch dann lediglich in kleinen Mengen. Einige Stunden einweichen.
- **Sojabohnen** verwende ich wie Dicke Bohnen.

Für Salate: Belugalinsen, Berglinsen, Dicke Bohnen, weiße Bohnen, Channa Dal, Kidneybohnen, rote und gelbe Linsen, Mungbohnen, Sojabohnen

Für Dal-Gerichte: Belugalinsen, Berglinsen, Channa Dal, Erbsen, Kichererbsen, Mungbohnen, Mung Dal, Tellerlinsen

Für Aufstriche: weiße Bohnen, Erbsen, Kichererbsen (Hummus), rote und gelbe Linsen

GETREIDE

Alle Getreidearten sind generell süß, nährend und stärkend. Sie wärmen den Körper und schenken ihm **leicht verwertbare Brennstoffe.** Zusammen mit Hülsenfrüchten sind sie Grundnahrungsmittel im Ayurveda und können von allen Konstitutionstypen gegessen werden. Während Reis die typische Beilage zu einem vollwertigen Mittagessen darstellt, werden die anderen Getreide eher zum Frühstück oder Abendessen zubereitet.

Für pikante Varianten verwende ich als Gewürze gern braune Senfsamen, Fenchelsamen, Kreuzkümmel, Bockshornkleesamen und -blätter, Kurkuma, Currymischungen, Asafoetida, Koriander und frische Kräuter. Für Frühstücksbrei und Waffeln nehme ich gern Ingwer, Kardamom, Zimt, Nelken, Kakaobohnen, Tonkabohnen oder Piment.

Dinkel: Flocken für Frühstücksbrei, Waffeln oder Getreidebratlinge; Dinkelreis als Beilage oder in Salaten; Dinkelgrieß als Brei mit gerösteten Nüssen; Mehl für Fladenbrote (Chapati).

Gerste: durch ihre trockenen Eigenschaften beim Abnehmen empfohlen. Das ganze Korn lässt sich gut zu Suppen oder Gerstenrisottos verarbeiten. Flocken für Brei oder als Bratlinge.

Hafer: Flocken als Frühstücksbrei oder Waffeln oder pikant als Getreidebratlinge.

Hirse: im Ganzen gekocht für Bratlinge oder Aufläufe; Flocken für Frühstücksbrei.

Mais: als Polenta oder gebraten; mit Trockenobst und Nüssen als Frühstücksbrei.

Reis: Basmatireis ist leicht verdaulich und schnell gekocht. Ideal als Beilage zu Hülsenfrüchten, Fisch, Fleisch, Kohlgemüse. Vollkornreis ist schwerer verdaulich und sollte gut gekocht werden. Roter Reis ist ideal für die Kapha-Konstitution, da er trockene Eigenschaften hat. Zu Reis passende Gewürze sind braune Senfsamen, Kurkuma, Currymischungen, Kreuzkümmel, Nelken.

Weizen: als ganzes Korn in Salaten; Bulgur und Couscous als Salat, Beilage, Laibchen oder mit Gemüse als Hauptgericht; Vollkornmehl für Fladenbrote (Chapati).

REZEPTE

ANGABEN ZU DEN REZEPTEN

Außer bei Backwaren koche ich grundsätzlich nach Gefühl und weniger mit dem Messbecher oder genauen Mengenangaben. Für Sie zuhause habe ich mir jedoch größte Mühe gegeben, die Rezepte so genau wie möglich zu beschreiben und zu erklären. Die verwendeten Gewürze und Gewürzmischungen sind Anregungen und von der verwendeten Menge dezent gehalten. Vielleicht habe ich genau Ihren Geschmack getroffen – ansonsten nehmen Sie beim nächsten Mal einfach mehr oder weniger. Ebenso finden Sie bei vielen Rezepten auch persönliche Tipps und Tricks. Sie können mit den Gewürzmischungen, die in den Rezepten angeführt sind, kochen oder Mischungen anderer Produzenten verwenden – ganz nach Ihrem Geschmack. Dabei unbedingt auf die Qualität achten.

Die folgenden Rezepte sollen Ihnen als Anregung dienen und können gern abgewandelt und variiert werden.

Hinweise zu den Zutaten

- Das angegebene Gewicht für eine Zutat ist das Gewicht nach dem Schälen, Putzen, Zerkleinern usw.
- Bei Salz handelt es sich um Steinsalz,
- bei Pfeffer um frisch gemahlenen Pfeffer aus der Mühle,
- bei Joghurt um Vollfettjoghurt.
- Sahne hat einen Fettgehalt von 32–36 %.
- Eier haben die Größe M.
- Esslöffel oder Teelöffel sind nicht gehäuft und nicht gestrichen – eben mittendrin.
- Obst, Gemüse, Kräuter und Salat vor der Verwendung stets gut waschen und trocken tupfen oder schleudern.

Einige **nützliche Tipps** und warum ich manche Sachen so mache, wie ich sie mache:

- Eine Form oder ein Blech lege ich meist mit Backpapier aus. Das hat den Grund, dass es sich leichter reinigen lässt, wenn sich etwas eingebrannt hat (Kaphas denken praktisch).
- Ich empfehle, Töpfe und Pfannen guter Qualität mit dickem Boden zu verwenden. Der Topf sollte immer der Menge angepasst sein.
- Beim Salz steht meist keine Mengenangabe, einfach nach Gefühl dazugeben.
- Der Zubereitungstext ist kurz und knapp gehalten. Ich finde es praktischer, wenn man nicht einen ganzen Aufsatz lesen muss.

Die Garzeit bei hausgemachten Nudeln ist abhängig vom verwendeten Mehltyp, von der Konsistenz sowie der Dicke des Teiges. Aus diesem Grund sind bei den einzelnen Rezepten keine genauen Kochzeiten angegeben – Sie können den für Sie richtigen Garpunkt selbst bestimmen.

In den Rezepten habe ich immer die Funktion Ober-/Unterhitze beim Backofen verwendet. Wenn Sie lieber mit Heißluft oder Umluft braten und backen, reduzieren Sie bitte die Temperatur um 20 °C.

GRUNDREZEPTE

Ghee (indisches Butterschmalz)

Gewürzmischungen:
Mildes Currypulver · Scharfes Currypulver
Garam Masala · Barbecue-Mix
„Balance Mix" · „Spicy Mix" · „Stimulate Mix"
Gewürzmischung für Ofenkartoffeln

Suppenwürze selbstgemacht

Salatdressing

Marinierte Kirschtomaten

Kräutergrissini

Fladenbrot (Chapati)

Brot mit Weinsteinbackpulver

Nudelteig

Tomatensauce

Paneer (ayurvedischer Frischkäse)

GHEE

INDISCHES BUTTERSCHMALZ

ZUTATEN für 350 ml

500 g ungesalzene Butter

TIPP: Ghee immer mit einem sauberen Löffel entnehmen – dann ist es monatelang haltbar. Im Kühlschrank aufbewahrt wird es sehr fest und bei Raumtemperatur wieder weich.

DAUER 60 Min. **SCHWIERIGKEIT** einfach

1. Butter schmelzen und bei niedriger Temperatur kochen lassen. Während des ganzen Kochvorgangs immer einen Kochlöffel im Topf lassen.

2. Nur anfangs umrühren, später nicht mehr, um den Bodensatz nicht aufzurühren.

3. Sobald der Bodensatz leicht bräunlich wird, durch ein Sieb – ausgelegt mit einem Blatt Küchenpapier oder einem Kaffeefilter – abseihen.

4. Etwas abkühlen lassen, danach in ein Glas umfüllen.

Durch langsames und vorsichtiges Kochen wird ungesalzene Butter von Wasser, Eiweiß und Milchzucker befreit. Es kann – da kein Wasser mehr enthalten ist – nicht ranzig werden.

Ghee wird nicht nur zum Kochen verwendet, es handelt sich um ein Allround-Hausmittel und Lebenselixier. Richtig zubereitet stärkt es die Verdauungsorgane, regt den Appetit an, entgiftet den Körper und macht Speisen bekömmlicher. Es intensiviert ihren Geschmack und der Vitamin- und Vitalstoffgehalt bleibt erhalten.

Ghee ist leichter verdaulich als Butter und andere Fette. Darüber hinaus ist es ein ideales Transportmedium zur Aufnahme von fettlöslichen Vitaminen, Mineralstoffen und Spurenelementen im Körper. Im Rahmen des Verdauungsvorgangs wird Ghee nochmals aufgespalten, sodass es selbst die dünnsten Zellwände durchdringt, nährt und reinigt. Zudem gilt Ghee als Verjüngungsmittel.

GEWÜRZMISCHUNGEN

MILDES CURRYPULVER

4 EL Koriandersamen
2 EL Kreuzkümmelsamen
1 TL Bockshornkleesamen
1 TL braune Senfsamen
½ TL schwarze Pfefferkörner
10 getrocknete Curryblätter
3 EL Kurkuma, gemahlen

DAUER 10 Min. **SCHWIERIGKEIT** einfach

1. Alle Zutaten (außer Kurkuma) in einem Mörser oder einer elektrischen Kaffeemühle fein mahlen.

2. In eine Schüssel geben und mit Kurkuma vermischen.

3. In Gläser oder kleine Gewürzdosen füllen und fest verschließen.

SCHARFES CURRYPULVER

4–5 getrocknete Chilischoten
4 EL Koriandersamen
2 EL Kreuzkümmelsamen
1 TL Bockshornkleesamen
1 TL braune Senfsamen
1 TL schwarze Pfefferkörner
10 getrocknete Curryblätter
3 EL Kurkuma, gemahlen

DAUER 10 Min. **SCHWIERIGKEIT** einfach

1. Chilisamen entfernen. Für eine besonders scharfe Mischung einige Samen mitverwenden.

2. Alle Zutaten (außer Kurkuma) in einem Mörser oder einer elektrischen Kaffeemühle mahlen.

3. In eine Schüssel geben und mit Kurkuma vermischen.

4. In Gläser oder kleine Gewürzdosen füllen und fest verschließen.

GARAM MASALA

4 grüne Kardamomkapseln
3 EL Koriandersamen
2 TL Kreuzkümmelsamen
2 TL Fenchelsamen
1 TL Bockshornkleesamen
1 TL Muskatblüte
½ TL schwarze Pfefferkörner
4 Gewürznelken
2 getrocknete Lorbeerblätter
2 cm Zimtrinde

DAUER 10 Min. **SCHWIERIGKEIT** einfach

1. Kardamomkapseln im Mörser aufbrechen.

2. Alle Zutaten in einer Pfanne bei schwacher Hitze ohne Fett rösten, bis sie zu duften beginnen.

3. Abkühlen lassen und danach in einem Mörser oder in einer elektrischen Kaffeemühle mahlen.

4. In Gläser oder kleine Gewürzdosen füllen und fest verschließen.

TIPP: Garam Masala wird im Gegensatz zu anderen Gewürzmischungen üblicherweise erst kurz vor Ende der Garzeit hinzugegeben und verleiht so ein zartes Aroma nach gerösteten Gewürzen.

BARBECUE-MIX

3 TL Koriandersamen, gemörsert
½ TL braune Senfsamen, gemörsert
2 Gewürznelken, gemörsert
1 TL Paprikapulver
½ TL Knoblauchpulver
½ TL Cayennepfeffer oder Harissa
¼ TL Ingwer, gemahlen
1 TL Thymianblätter, getrocknet oder frisch

DAUER 10 Min. **SCHWIERIGKEIT** einfach

1. Alle Zutaten verrühren und in Gläser oder kleine Gewürzdosen füllen.

TIPP: Diese Mischung kann auch als Grillgewürz für Rinder-, Schweine- oder Lammfleisch verwendet werden.

„BALANCE MIX“

(AUFBAUEND UND AUSGLEICHEND – FÜR VATA)

1 EL Kreuzkümmelsamen
1 EL Fenchelsamen
1 TL Bockshornkleesamen
¼ TL Ingwer, gemahlen
Samen von 2 grünen Kardamomkapseln
2 Gewürznelken
2 Msp. Asafoetida
2 Msp. Knoblauchpulver
etwas Muskatnuss, gerieben

DAUER 10 Min. **SCHWIERIGKEIT** einfach

1. Alle Zutaten im Mörser oder in einer elektrischen Kaffeemühle zu feinem Pulver vermahlen.

2. In Gläser oder kleine Gewürzdosen füllen und fest verschließen.

TIPP: Diese milde Mischung lässt sich gut für Suppen, Eintöpfe und Gemüse verwenden.

„SPICY MIX“

(WÜRZIG UND AUSGLEICHEND – FÜR PITTA)

1 EL Koriandersamen
1 EL Fenchelsamen
1 TL Bockshornkleesamen
1 EL getrocknete Curryblätter oder getrocknete Basilikumblätter
5 schwarze Pfefferkörner
Samen von 4 grünen Kardamomkapseln
1 EL Kurkuma, gemahlen

DAUER 10 Min. **SCHWIERIGKEIT** einfach

1. Alle Zutaten (außer Kurkuma) im Mörser oder in einer elektrischen Kaffeemühle mahlen.

2. Dann mit Kurkuma vermischen und in Gläser oder kleine Gewürzdosen füllen.

TIPP: Diese Mischung eignet sich hervorragend für Pasta, Bratlinge und Gemüse.

„STIMULATE MIX“

(ANREGEND – FÜR KAPHA)

1 EL Kreuzkümmelsamen
1 TL braune Senfsamen
1 TL Bockshornkleesamen
1 EL Thymian, getrocknet
10 schwarze Pfefferkörner
2 kl. Chilischoten
1 TL Paprikapulver
1 TL Ingwer, gemahlen
2 Msp. Zimt, gemahlen

DAUER 10 Min. **SCHWIERIGKEIT** einfach

1. Alle Zutaten (außer Paprikapulver, Ingwer und Zimt) im Mörser oder in einer elektrischen Kaffeemühle mahlen.

2. Danach mit den restlichen Gewürzen vermischen und in Gläser oder kleine Gewürzdosen füllen.

TIPP: Eine etwas pikantere Mischung – sehr passend für Hülsenfrüchte, Chutneys und Dips.

GEWÜRZMISCHUNG

FÜR OFENKARTOFFELN

½ TL Paprikapulver
¼ TL Kümmel, gemahlen
¼ TL Knoblauchpulver
½ TL Salz
1 Msp. Cayennepfeffer
2 Msp. Asafoetida
etwas Muskatnuss, gerieben

800 g Kartoffeln
1 EL Ghee

DAUER 10 Min. **SCHWIERIGKEIT** einfach

1. Alle Zutaten in einer Schüssel vermengen und danach mit Kartoffeln – in Spalten oder Scheiben geschnitten – vermischen.

2. Kartoffeln auf ein Backblech geben, Ghee darüberträufeln und im Backofen bei 200 °C ca. 45 Min. garen.

TIPP: Diese Mischung lässt sich auch für Ofengemüse verwenden, allerdings würde ich hier zusätzlich noch etwas Currypulver beimischen.

SUPPENWÜRZE

SELBSTGEMACHT

ZUTATEN

VARIANTE 1: ROH
Zutaten für 6 Gläser à 200 ml

1 kg Gemüse
200 g Salz

VARIANTE 2: GEKOCHT
Zutaten für 5 Gläser à 200 ml

1 kg Gemüse
150 g Salz
50 ml Weißwein oder Wasser

TIPP: Als Gemüse eignen sich Karotten, gelbe Rüben, Pastinaken, Petersilienwurzeln, Knollensellerie, Stangensellerie, Lauch, Tomaten und Zwiebeln sowie Kräuter wie Liebstöckel, Petersilie, Thymian und Majoran.

Variante 1 lässt sich rasch herstellen und eignet sich als Beigabe in Speisen, die eine längere Garzeit haben. Die aufwendigere Variante 2 können Sie gut zum Abschmecken fertig gegarter Speisen verwenden.

DAUER 30 Min. (+ 40 Min. Kochzeit bei Variante 2)
SCHWIERIGKEIT einfach

VARIANTE 1

1. Gemüse fein schneiden oder durch den Fleischwolf drehen und mit Salz in einer Schüssel vermischen.

2. In sterile Gläser füllen und verschließen. Kühl und dunkel gelagert ist die Suppenwürze mehrere Monate haltbar.

VARIANTE 2

1. Gemüse fein schneiden oder durch den Fleischwolf drehen. Mit den restlichen Zutaten in einen Topf geben und 35–40 Min. bei mittlerer Hitze köcheln lassen.

2. Dabei ständig umrühren, damit die Masse nicht anbrennt.

3. Noch heiß in sterile Gläser füllen und verschließen.

4. Kühl und dunkel gelagert hält sich die Paste mehrere Monate.

SALATDRESSING

ZUTATEN
für 900 ml Marinade

400 ml Wasser
300 ml Essig, 5% Säure
40 g Rohrzucker
10 g Salz
1 EL getrocknete Kräuter (z.B. Majoran, Thymian, Oregano, ...) oder einige Zweige frische Kräuter
1 Msp. Knoblauchpulver
200 ml Öl

DAUER 20 Min. **SCHWIERIGKEIT** einfach

1. Alle Zutaten (außer Öl) aufkochen lassen. Danach abseihen und das Öl mit dem Stabmixer einrühren. Auskühlen lassen und in eine Flasche umfüllen.

TIPP: Flasche im Kühlschrank aufbewahren und vor dem Gebrauch kurz schütteln. Dieses Dressing können Sie für alle Salatrezepte in diesem Buch verwenden (s. S. 108ff.).
Als Essig können Sie entweder nur Balsamico nehmen oder eine Mischung – wie es Ihnen am besten schmeckt.

MARINIERTE KIRSCHTOMATEN

ZUTATEN

15 Kirschtomaten
Salz
2 EL Olivenöl
½ TL Kräuter der Provence

DAUER 30 Min. **SCHWIERIGKEIT** einfach

1. Backofen auf 200 °C vorheizen und eine ofenfeste Pfanne oder ein kleines Blech mit Backpapier auslegen.

2. Kirschtomaten halbieren und die Kerne mithilfe eines kleinen Löffels ausschaben.

3. Tomaten mit der Hautseite nach unten in die Pfanne oder auf das Blech legen, leicht salzen und mit Olivenöl beträufeln.

4. Auf der oberen Schiene des Backofens für 12–15 Min. garen.

5. Abschließend mit Kräutern der Provence bestreuen.

TIPP: Diese Kirschtomaten sind vielseitig zu verwenden – sei es in Salaten, zu Hülsenfrüchten, Gemüse oder Pasta (z.B. S. 152). Statt Kräutern der Provence können Sie auch Thymian oder Oregano verwenden.

KRÄUTERGRISSINI

ZUTATEN für 35 Stück

100 g Dinkelmehl
50 g Butter, flüssig
20 g Parmesan, gerieben
½ TL getrockneter Thymian, Rosmarin oder Oregano
4 EL kaltes Wasser
2 Prisen Salz

DAUER 30 Min. + 2 Std. zum Ruhen
SCHWIERIGKEIT einfach

1. Alle Zutaten in eine Schüssel geben und mit der Hand rasch zu einem Teig kneten.

2. In Frischhaltefolie einwickeln und für 2 Std. in den Kühlschrank geben.

3. Im Anschluss aus dem Teig eine Rolle formen, Scheiben abschneiden und diese zu dünnen Stangen verarbeiten. Backofen vorheizen.

4. Grissini-Stangen auf ein Blech mit Backpapier im Abstand von 2–3 cm auflegen.

5. Bei 180 °C 12–15 Min. backen.

FLADENBROT

CHAPATI

ZUTATEN für 8 Fladen

250 g Dinkelmehl oder Dinkelvollkornmehl
½ TL Salz
1 Msp. Asafoetida
1 EL Ghee, s. S. 72
lauwarmes Wasser nach Bedarf
Öl für die Arbeitsfläche

DAUER 15 Min. + 30 Min. zum Ruhen
SCHWIERIGKEIT einfach

1. Zutaten per Hand oder in der Küchenmaschine zu einem geschmeidigen Teig kneten. Mit Frischhaltefolie bedecken und 30 Min. ruhen lassen.

2. Danach aus dem Teig Kugeln formen, die Arbeitsfläche leicht mit Öl einstreichen und die einzelnen Teigkugeln dünn ausrollen.

3. In einer heißen Pfanne ohne Fett braten, dabei mehrmals wenden.

TIPP: Beim Ausrollen des Teiges verwende ich bewusst Öl, da Mehl in der heißen Pfanne ansonsten sofort verbrennen würde.

BROT

MIT WEINSTEINBACKPULVER

ZUTATEN für 1 Baguette oder 12 Brötchen

300 g Dinkelmehl oder Dinkelvollkornmehl
1 Pkg. Weinsteinbackpulver
1 Prise Ingwer, gemahlen
¼ TL Salz
lauwarmes Wasser nach Bedarf

DAUER 10 Min. **SCHWIERIGKEIT** einfach

1. Backofen auf 200 °C vorheizen und ein Backblech mit Backpapier auslegen.

2. Die trockenen Zutaten vermischen. Danach Wasser nach und nach zugeben und in der Küchenmaschine oder per Hand kneten, bis ein glatter Teig entsteht.

3. Entweder eine Stange (Baguette) oder kleine Brötchen formen.

4. Der Teig muss nicht ruhen, man kann das Brot umgehend in den Ofen geben (Baguette 25–30 Min., Brötchen ca. 20 Min.).

TIPP: Frisch schmeckt das Brot natürlich am besten, es eignet sich aber auch zum Einfrieren – in diesem Fall sollte das Brot nach dem Auftauen nochmals kurz im Ofen aufgebacken werden.
Sie können auch Saaten (Sonnenblumenkerne, Sesam, Kürbiskerne) oder gehackte Nüsse in den Teig geben – ebenso ganze Samen oder Blätter vom Bockshornklee oder eine Brotgewürzmischung, je nach Lust und Laune.

NUDELTEIG

ZUTATEN für 4 Portionen

400 g griffiges Mehl (Type 405) oder italienisches Mehl Type 00
4 Eier, verquirlt

DAUER 10 Min. + 2 Std. zum Ruhen
SCHWIERIGKEIT einfach

1. Mehl in die Rührschüssel der Küchenmaschine geben und die Eier nach und nach zugeben.

2. Teig kneten lassen, anschließend aus der Maschine nehmen. Mit der Hand zu einer Kugel formen, in Frischhaltefolie einwickeln und im Kühlschrank 2 Std. ruhen lassen.

TIPP: Den Teig am besten mithilfe einer Nudelmaschine dünn ausrollen und danach in die gewünschte Form schneiden. Für Tagliatelle ist meist ein eigener Aufsatz fix dabei, ansonsten schneiden Sie den ausgerollten Teig in 5 mm breite und für Pappardelle in 15 mm breite Streifen.

TOMATENSAUCE

ZUTATEN für 1,2 l Sauce

1,5 kg Tomaten
3 EL Ghee, s. S. 72
250 g Schalotten, fein geschnitten
1 kl. frische Chilischote, entkernt, fein geschnitten (nach Geschmack)
2 Karotten, geschält und grob gerieben
2 Stangen Sellerie, in feine Würfel geschnitten
2 EL „Italian Curry" oder
1 TL Koriandersamen, gemörsert
1 TL Fenchelsamen, gemörsert
½ TL Kreuzkümmelsamen, gemörsert
½ TL braune Senfsamen, ganz
1 gehäufter TL Kurkuma, gemahlen
2 Msp. Knoblauchpulver
1 TL Rohrohrzucker
Salz

DAUER 40 Min. + 35 Min. Kochzeit
SCHWIERIGKEIT einfach

1. Wasser in einem Topf zum Kochen bringen. Tomaten an der Unterseite kreuzweise einritzen und für einige Sekunden im kochenden Wasser blanchieren. Danach sofort in eine Schüssel mit Eiswasser geben. Tomaten schälen, vierteln und die Kerne entfernen.

2. Ghee in einem flachen Topf erhitzen und Schalotten und Chilischote einige Minuten darin anbraten. Danach Karotten und Stangensellerie hinzugeben und etwa 5 Min. leicht anbraten.

3. Nun alle Gewürze, außer Kurkuma und Knoblauchpulver, hinzufügen und leicht anrösten.

4. Als Nächstes Tomaten zugeben und gut durchrühren. Anschließend Zucker, Kurkuma und Knoblauchpulver einrühren. Hitze reduzieren und die Sauce unter oftmaligem Rühren ca. 30 Min. offen köcheln lassen. Bei Bedarf etwas Wasser zugießen.

5. Abschließend mit Salz abschmecken.

PANEER

AYURVEDISCHER FRISCHKÄSE

ZUTATEN für 180 g Frischkäse

1 l Vollmilch
Saft von 1 Zitrone

DAUER 20 Min. **SCHWIERIGKEIT** mittel

1. Sieb mit einem Geschirrtuch auslegen.

2. Milch in einem Topf aufkochen und vom Herd nehmen.

3. Zitronensaft nach und nach zugeben und langsam mit einem Kochlöffel einrühren, bis die Milch gerinnt und sich von der Molke trennt.

4. Paneer in das ausgelegte Sieb gießen, die Enden übereinanderschlagen und abtropfen lassen.

EINIGE VARIANTEN, WIE SIE PANEER WEITERVERARBEITEN KÖNNEN:

- Für einen Aufstrich (wie Quark) verwenden. Mithilfe einer Gabel vermengt, wird Paneer so körnig wie Landfrischkäse.
- Sie können ihn aber auch unter Zugabe etwas flüssiger Sahne mit dem Rührstab mixen und danach weiterverarbeiten. So ist er noch cremiger.
- Zutaten für Aufstriche: Paprikawürfel und Paprikapulver; gehackte Oliven; fein geraspelte Karotten und Sonnenblumenkerne; getrocknete Tomaten und Currypulver; frische Kräuter und Knoblauch;
- Auskühlen lassen, in Würfel schneiden und danach mit Kräutern und Olivenöl in ein Glas geben oder in Ghee in einer Pfanne anbraten.

SUPPEN

Kürbissuppe
mit Schwarzkümmel

Kalte Gemüsesuppe
mit Kräutergrissini

Rote-Linsen-Suppe
mit Frühlingszwiebeln

Grüne Gemüsesuppe
mit Rucola und Paneer

Semmelkrensuppe
mit Blutwurströllchen

Kohlsuppe

KÜRBISSUPPE
MIT SCHWARZKÜMMEL

ZUTATEN für 6 Portionen

3 EL Ghee
2 mittelgroße Schalotten, geschält und grob geschnitten
400 g Kürbis, in 2 cm große Würfel geschnitten (Sorte nach Wahl)
¾ TL „Orient Masala" oder
¼ TL Kreuzkümmel, gemörsert
¼ TL Koriandersamen, gemörsert
¼ TL Fenchelsamen, gemörsert
1 Gewürznelke, gemörsert
1 Prise Zimt, gemahlen
2 TL Suppenwürze selbstgemacht, s. S. 78
200 ml Kokosmilch
Salz

1 TL Ghee
2 TL Schwarzkümmelsamen, ganz
2 EL Kürbiskernöl

Am liebsten verwende ich Hokkaido- oder Butternusskürbis, da diese beim Kochen nicht so leicht zerfallen. Den Hokkaido müssen Sie auch nicht unbedingt schälen.

DAUER 50 Min. **SCHWIERIGKEIT** einfach

1. Ghee in einem Topf erhitzen und Schalotten ca. 5 Min. darin leicht anrösten. Gewürze dazugeben und kurz mitrösten.

2. Kürbiswürfel dazugeben, gut durchrühren, mit ca. 1 l Wasser aufgießen und Suppenwürze hinzufügen.

3. Etwa 30 Min. köcheln lassen, danach die Hälfte des Kürbis mit einem Schaumlöffel aus der Suppe nehmen und beiseitestellen. Kokosmilch zur Suppe geben und mit einem Stabmixer fein pürieren.

4. Restlichen Kürbis wieder zur Suppe geben und alles nochmals leicht aufkochen lassen, mit Salz abschmecken. Falls die Suppe zu dickflüssig ist, etwas Wasser zugießen.

5. Ghee in einer kleinen Pfanne erhitzen, Schwarzkümmelsamen leicht anbraten und danach in die Suppe geben. Abschließend die Suppe anrichten und mit Kürbiskernöl verfeinern.

TIPP: Ein köstliches Gemüsegericht zaubern Sie, wenn Sie den Kürbis mit den oben genannten Gewürzen und Ghee gut vermischen, auf ein Backblech geben, etwas Wasser zugießen und 30 Min. im Backofen bei 200 °C garen.

KALTE GEMÜSESUPPE
MIT KRÄUTERGRISSINI

ZUTATEN für 6 Portionen

5 Tomaten
5 EL Olivenöl
2 Schalotten, geschält und in Ringe geschnitten
1 rote und 1 gelbe Paprika, entkernt und geviertelt
1 Gurke, geschält, entkernt, grob geschnitten
1 kl. frische Chilischote, entkernt und fein geschnitten
1 EL eingelegte Kapern
1 l Tomatensaft
1 TL Balsamico
1 TL Zitronensaft
Salz
schwarzer Pfeffer
1 Prise Knoblauchpulver
1 EL Rotes Pesto, s. S. 185
5 Stk. getrocknete Tomaten, in Öl eingelegt
1 TL „Spicy Mix" (s. S. 76) oder
¼ TL Kurkuma, gemahlen
½ TL Koriandersamen, gemörsert
¼ TL Bockshornkleesamen, gemörsert
¼ TL Fenchelsamen, gemörsert
1 Prise Harissa
(falls Sie es schärfer mögen)
10 Basilikumblätter

Kräutergrissini, s. S. 82

DAUER 40 Min. + 4 Std. zum Marinieren
SCHWIERIGKEIT einfach

1. Wasser in einem Topf zum Kochen bringen. Tomaten an der Unterseite kreuzweise einritzen und für einige Sekunden im kochenden Wasser blanchieren. Danach sofort in eine Schüssel mit Eiswasser geben. Tomaten schälen, vierteln und die Kerne entfernen.

2. Schalotten in 2 EL Olivenöl leicht anbraten, bis sie weich sind.

3. Backofen auf 200 °C vorheizen und ein Backblech mit Backpapier auslegen. Paprika mit der Hautseite nach oben auf das Blech geben und etwa 20 Min. garen. Danach etwas auskühlen lassen, schälen und grob schneiden.

4. Sämtliche Zutaten in ein Gefäß geben und mit einem Kochlöffel durchrühren. Mindestens 4 Std. in den Kühlschrank stellen, danach die Basilikumblätter entfernen und alles mixen.

5. Suppe in gekühlten tiefen Tellern anrichten.

TIPP: Eine erfrischende Suppe an einem heißen Sommertag. Sie können die Suppe ganz fein mixen oder etwas gröber belassen, ganz nach Vorliebe.

ROTE-LINSEN-SUPPE
MIT FRÜHLINGSZWIEBELN

ZUTATEN für 4 Portionen

1 EL Ghee
3 Schalotten, geschält und in Ringe geschnitten
1 TL „Ganesha's Lentils" oder
½ TL Koriandersamen, gemörsert
¼ TL Kreuzkümmelsamen, gemörsert
¼ TL Kurkuma, gemahlen
250 g rote Linsen
2 TL Suppenwürze
selbstgemacht, s. S. 78
200 ml Kokosmilch
1 Prise Harissa
Salz

250–500 ml Sonnenblumenöl
100 g Frühlingszwiebeln,
in feine Ringe geschnitten
1 TL Maisstärke

DAUER 15 Min. + 30 Min. Kochzeit
SCHWIERIGKEIT einfach

1. Ghee in einem Topf erhitzen und Schalotten leicht anrösten, danach Gewürze zugeben und kurz mitrösten. Rote Linsen hinzufügen, mit 1 l Wasser aufgießen und die Suppenwürze zugeben.

2. Zum Kochen bringen und 30 Min. köcheln lassen. Kokosmilch hinzugeben und mit dem Stabmixer fein pürieren. Je nach Vorliebe, kann 1 Prise Harissa hinzugefügt werden. Mit Salz abschmecken.

3. Sonnenblumenöl in einem hohen Topf erhitzen.

4. Frühlingszwiebelringe mit Maisstärke mischen. Im heißen Fett schwimmend goldgelb backen. Mit einem Schaumlöffel herausnehmen und auf Küchenpapier abtropfen lassen.

5. Die Suppe anrichten und mit Frühlingszwiebelringen garnieren.

TIPP: Statt Frühlingszwiebeln können Sie auch Lauch in feine Streifen schneiden. Sehr gut passen auch blanchierte und in Streifen geschnittene Erbsenschoten oder Gartenkresse in die Suppe.

GRÜNE GEMÜSESUPPE

MIT RUCOLA UND PANEER

ZUTATEN für 8 Portionen

Paneer aus 2 l Milch, in 1 cm große Würfel geschnitten, s. S. 93
4 EL Ghee
2 mittelgroße Schalotten, geschält und grob geschnitten
100 g Lauch, gewaschen und in Ringe geschnitten
2 TL „Balance Mix" +
1 TL „Spicy Mix" (s. S. 76) oder
1 TL Koriandersamen, gemörsert
½ TL Fenchelsamen, gemörsert
½ TL Bockshornkleesamen, gemörsert
½ TL Kurkuma, gemahlen
2 Msp. Asafoetida
200 g Kohlrabi, geschält und in 2 cm große Würfel geschnitten
150 g Zucchini, in 2 cm große Würfel geschnitten
200 g Brokkoli, in Röschen geteilt
1 Handvoll Blattspinat
1 EL Suppenwürze selbstgemacht, s. S. 78
250 ml Kokosmilch
½ Handvoll Kerbel
½ Handvoll Petersilie
2 Handvoll Rucola, kleiner Teil fein geschnitten für die Garnierung
Salz
schwarzer Pfeffer
100 g Erbsen, tiefgekühlt

DAUER 45 Min. + 30 Min. für den Paneer
SCHWIERIGKEIT mittel

1. 2 EL Ghee in einem Topf erhitzen und Schalotten und Lauch goldgelb anrösten. Gewürze zugeben und leicht mitrösten.

2. Danach Kohlrabi, Zucchini, Brokkoli, Blattspinat und Suppenwürze zugeben und gut durchrühren.

3. Mit 1,2 l Wasser und Kokosmilch aufgießen und zum Kochen bringen. 30 Min. köcheln lassen.

4. Dann Kerbel, Petersilie und ungeschnittenen Rucola hinzugeben und die Suppe so fein wie möglich pürieren. Mit Salz und Pfeffer abschmecken.

5. Während die Suppe kocht, 2 EL Ghee erhitzen und die Paneerwürfel von allen Seiten anbraten.

6. Kurz vor dem Servieren Erbsen in die heiße Suppe geben und einige Minuten ziehen lassen.

7. Suppe anrichten und mit geschnittenem Rucola garnieren. Paneer in die Suppe geben oder extra servieren.

TIPP: Grün – grüner – grüne Gemüsesuppe! Sie können auch die Kohlrabi-Blätter mitkochen oder fein schneiden und die Suppe damit bestreuen.

SEMMELKRENSUPPE
MIT BLUTWURSTRÖLLCHEN

ZUTATEN für 4 Portionen

BLUTWURSTRÖLLCHEN
1 EL Ghee, plus mehr zum Bestreichen
1 Schalotte, geschält und fein geschnitten
150 g Blutwurst, in 1 cm große Würfel geschnitten
1 TL Petersilie, gehackt
1 Blatt Strudelteig, fertig gezogen

SUPPE
2 Semmeln (Brötchen), frisch oder altbacken, in große Stücke geschnitten
200 ml Sahne
1 TL Suppenwürze selbstgemacht, s. S. 78
2 EL Kren (Meerrettich), frisch gerieben (oder mehr, je nach gewünschter Schärfe)
Salz
schwarzer Pfeffer
frischer Schnittlauch, geschnitten

Semmelkren ist in Österreich eine klassische Beilage zu gekochtem Tafelspitz. Die Blutwurströllchen harmonieren zur Suppe sehr gut.

DAUER 45 Min. für die Röllchen + 20 Min. für Suppe
SCHWIERIGKEIT einfach

1. Backofen auf 210 °C vorheizen und ein Backblech mit Backpapier auslegen.

2. Ghee in einer Pfanne erhitzen, Schalotten anbraten, danach Blutwurst zugeben und einige Minuten braten. Petersilie untermischen und alles abkühlen lassen.

3. Strudelteig in 9 Teile schneiden und mit Ghee leicht bestreichen. Blutwurstmasse darauf verteilen, Teigstücke jeweils links und rechts einschlagen und danach Röllchen formen. Auf das Backblech setzen, nochmals mit Ghee bestreichen und etwa 15 Min. backen.

4. Geschnittene Semmeln (Brötchen) in einen Topf geben, 1 l Wasser und Sahne zugießen und gemeinsam mit der Suppenwürze einmal aufkochen. Dazwischen immer wieder umrühren, damit sich die Suppe nicht anlegt.

5. Danach Kren (Meerrettich) dazugeben und mit einem Stabmixer kräftig mixen. Mit Salz und Pfeffer abschmecken. Anrichten und mit frischem Schnittlauch bestreuen. Die Blutwurströllchen extra zur Suppe reichen.

KOHLSUPPE

ZUTATEN für 8 Portionen

2 EL Ghee
3 große Schalotten, geschält und in feine Ringe geschnitten
1 TL „Ganesha´s Lentils“ +
1 TL „Enjoy Pitta“ oder
1 TL Koriandersamen, gemörsert
½ TL Fenchelsamen, gemörsert
¼ TL Kreuzkümmelsamen, gemörsert
¼ TL Kurkuma, gemahlen
1 Msp. Harissa oder Cayennepfeffer
400 g Weißkohl, in feine Streifen oder 1 cm große Rauten geschnitten
3 Stangen Sellerie, in 5 mm große Stücke geschnitten
2 Karotten, geschält und in 5 mm große Würfel geschnitten
200 g Blumenkohl, in Röschen geteilt
2 cm Ingwer, in Scheiben geschnitten
400 g Tomaten aus der Dose
2 TL Suppenwürze selbstgemacht, s. S. 78
2 Msp. Asafoetida
Salz
schwarzer Pfeffer
1 EL Petersilie, fein gehackt

DAUER 45 Min. **SCHWIERIGKEIT** mittel

1. Ghee in einem Topf erhitzen und Schalotten leicht anbraten. Danach Gewürze zugeben und kurz mitrösten.

2. Gemüse hinzugeben, gut durchrühren, danach mit 1,2 l Wasser aufgießen und Dosentomaten, Suppenwürze und Asafoetida beimengen.

3. 10 Min. kochen lassen, dann Hitze reduzieren und köcheln lassen, bis das Gemüse gar ist.

4. Mit Salz und Pfeffer abschmecken. Anrichten und mit gehackter Petersilie bestreuen.

TIPP: Eine köstliche Suppe für Entschlackungstage im Frühjahr oder nach den Feiertagen. Gehaltvoller wird die Suppe, wenn Sie Kokosmilch hinzugeben und/oder geschnittene Hühnerbrust mitkochen.

SALATE

Karottensalat mit Rhabarber und Kapernbeeren

Buchweizensalat mit Fenchel,
Aprikosen und Rucola

Blumenkohlsalat mit roten Linsen
und Schwarzkümmel

Rote-Bete-Salat mit Pfifferlingen
und Sojabohnen

Kürbissalat mit Bulgur und
Gewürznüssen

Fruchtiger Rotkohlsalat mit Esskastanien

KAROTTENSALAT
MIT RHABARBER UND KAPERNBEEREN

ZUTATEN für 4 Portionen

200 g Rhabarber, geschält und in 5 mm breite Scheiben geschnitten
1 EL brauner Zucker
400 g Karotten, geschält und in Stifte geschnitten
½ TL Salz
2 Schalotten, geschält und in feine Ringe geschnitten
20 Kapernbeeren, halbiert
schwarzer Pfeffer
2 Handvoll Wildkräuter, Feldsalat oder Rucola
3 EL Balsamico
3 EL Olivenöl

DAUER 20 Min. + 20 Min. zum Ziehen
SCHWIERIGKEIT einfach

1. Rhabarber, Zucker und 2 EL Wasser in einer Pfanne einmal aufkochen und anschließend auskühlen lassen.

2. Karotten in eine Schüssel geben, mit Salz würzen, gut durchmischen und 20 Min. stehen lassen.

3. Restliche Zutaten zu den Karotten geben und den Salat mit Essig und Öl marinieren.

TIPP: Rhabarber bekommt eine besonders schöne Farbe, wenn Sie anstelle von Wasser Rote-Bete-Saft verwenden oder einige Erdbeeren (diese können Sie später entfernen oder einfach mitessen) mitkochen.

BUCHWEIZENSALAT

MIT FENCHEL, APRIKOSEN UND RUCOLA

ZUTATEN für 4 Portionen

120 g Buchweizen
7 EL Olivenöl
600 g Fenchel, inkl. Strunk fein gehobelt
1 rote Zwiebel, geschält und in feine Ringe geschnitten
½ TL mildes Currypulver, s. S. 74
1 Msp. scharfes Currypulver, s. S. 74
1 Prise brauner Zucker
1 große Karotte, geschält und grob geraspelt
200 g frische Aprikosen, entkernt und geviertelt
Salz
4 EL Balsamico
2 Handvoll Rucola

DAUER 45 Min. **SCHWIERIGKEIT** einfach

1. Buchweizen in ein feines Sieb geben und waschen. Mit der doppelten Menge kaltem Wasser und 1 Prise Salz in einem Topf mit Deckel zum Kochen bringen. Danach Hitze reduzieren und Buchweizen ca. 20 Min. garen, bis die Flüssigkeit aufgesaugt ist. Dann Topf zur Seite stellen und auskühlen lassen.

2. Währenddessen 3 EL Olivenöl in einem weiten Topf oder einer Pfanne erhitzen und Fenchel anbraten. Sobald er etwas Farbe bekommen hat, Zwiebel zugeben und noch ca. 1 Min. braten. Danach Curry und Zucker hinzufügen, gut durchrühren und mit ca. 100 ml Wasser aufgießen. Nach 5 Min. Karotten beimengen und garen, bis der Fenchel weich ist. Bei Bedarf etwas Wasser zugießen. Kurz vor Ende der Garzeit die geschnittenen Aprikosen zufügen. Zum Schluss salzen und Balsamico zugeben. In eine Schüssel umfüllen.

3. Alles abkühlen lassen und dann den Buchweizen untermischen.

4. Vor dem Anrichten Salat nochmals abschmecken, Olivenöl zugießen und Rucola vorsichtig unterheben.

TIPP: Anstatt Aprikosen können Sie auch Pfirsiche, Beeren oder Melonen verwenden und anstelle von Fenchel Kohl. Eine andere Variante ist die Zubereitung des Salats nur mit Gemüse, hierfür können Sie wahlweise Radieschen, Tomaten oder Gurken (je nach Saison) verwenden.

BLUMENKOHLSALAT
MIT ROTEN LINSEN UND SCHWARZKÜMMEL

ZUTATEN für 4 Portionen

150 g rote Linsen
8 EL Olivenöl
1 Zwiebel, geschält, halbiert, in Streifen geschnitten
¼ TL Schwarzkümmel
1 TL „Hot India" oder
¼ TL Koriandersamen, gemörsert
¼ TL Fenchelsamen, gemörsert
¼ TL Kurkuma, gemahlen
600 g Blumenkohlröschen, klein, blanchiert, in kaltem Wasser abgeschreckt und gut abgetropft
12 Kirschtomaten, halbiert oder geviertelt und entkernt
Salz
Pfeffer
6 EL Balsamico
3 EL Petersilie, gehackt oder Schnittlauch, geschnitten
1 Handvoll Wildkräuter, Rucola oder Feldsalat

DAUER 25 Min. + 20 Min. zum Ziehen
SCHWIERIGKEIT einfach

1. Wasser in einem Topf zum Kochen bringen, rote Linsen ca. 7 Min. köcheln lassen, danach abseihen.

2. 3 EL Olivenöl erhitzen, Zwiebel 5 Min. leicht anbraten, Gewürze zugeben und 20 Sek. mitrösten. Danach Blumenkohl hinzugeben, 3 Min. anbraten und alles in eine Schüssel umfüllen.

3. Gekochte Linsen untermischen und mit Salz, Pfeffer, Balsamico, 5 EL Olivenöl sowie Petersilie oder Schnittlauch marinieren, 20 Min. ziehen lassen. Danach Wildkräuter, Rucola oder Feldsalat unterheben und lauwarm servieren.

ROTE-BETE-SALAT
MIT PFIFFERLINGEN UND SOJABOHNEN

ZUTATEN für 6 Portionen

500 g Rote Beten,
gekocht oder roh
200 g Sojabohnen,
frisch oder tiefgekühlt
4 EL Olivenöl
2 Schalotten, geschält
und in feine Würfel geschnitten
1 TL „Garam Masala“ oder
¼ TL Kreuzkümmel, gemörsert
¼ TL Koriandersamen, gemörsert
1 Gewürznelke, gemörsert
1 Prise Zimt, gemahlen
400 g Pfifferlinge,
geputzt und gewaschen
Salz
schwarzer Pfeffer
4 EL Balsamico
2 EL frischer Schnittlauch,
geschnitten

DAUER 30 Min. + 30 Min. zum Marinieren
(+ Kochzeit der Roten Bete) **SCHWIERIGKEIT** einfach

1. Rote Beten in reichlich Wasser einige Stunden weichkochen, danach schälen oder bereits gekochte verwenden.

2. Sojabohnen im kochenden Wasser kurz blanchieren, danach abseihen.

3. 2 EL Olivenöl in einer großen Pfanne erhitzen, Schalotten kurz anbraten, Gewürze zugeben, dann Pfifferlinge beimengen und gut durchrühren.

4. Einige Minuten köcheln lassen, danach in eine Schüssel umfüllen.

5. Rote Beten in Spalten schneiden und mit Salz, Pfeffer, 2 EL Olivenöl und Balsamico etwa 30 Min. marinieren.

6. Sojabohnen und Pfifferlinge hinzugeben, gut vermengen, abschmecken, mit frischem Schnittlauch bestreuen und anrichten.

TIPP: Da die Zutaten umgehend die Farbe der Roten Bete annehmen, empfehle ich Ihnen alles erst im letzten Moment durchzumischen. Wenn Sie keine Sojabohnen zur Hand haben, können Sie auch frische dicke Bohnen oder gekochte grüne Bohnen verwenden.

KÜRBISSALAT

MIT BULGUR UND GEWÜRZNÜSSEN

ZUTATEN für 4 Portionen

GEWÜRZNÜSSE
100 g Cashewkerne
1 Prise Paprikapulver
1 Prise Cayenne
1 Prise Knoblauchpulver
¼ TL Kreuzkümmelsamen, gemörsert
1 Prise Salz

8 EL Olivenöl
1 mittelgroße rote Zwiebel, geschält und in Streifen geschnitten
½ TL „Ganesha's Lentils" +
½ TL „Orient Masala" oder
¼ TL Fenchelsamen,
¼ TL Kreuzkümmelsamen,
¼ TL Koriandersamen,
alle gemörsert
1 Zacken Sternanis, gemörsert
1 Prise Zimt, gemahlen
400 g Kürbis, geschält, in Scheiben geschnitten
Salz
Saft von 1 Orange
150 g Bulgur
¼ TL mildes Currypulver, s. S. 74
4 EL Balsamico
2 Handvoll Endiviensalat, fein geschnitten

DAUER 40 Min. **SCHWIERIGKEIT** mittel

1. Für die Gewürznüsse den Backofen auf 180 °C vorheizen und eine kleine ofenfeste Pfanne mit Backpapier auslegen. Gewürze mit 1 TL Wasser zu einer Paste verrühren, Nüsse damit vermischen und danach in der Pfanne verteilen. 10–15 Min. im Backofen rösten, auskühlen lassen, grob hacken und beiseitestellen.

2. In einem Topf 4 EL Olivenöl erhitzen, Zwiebel kurz anbraten, dann Gewürze zugeben und leicht mitrösten.

3. Kürbis beigeben, gut durchrühren, salzen und Orangensaft hinzufügen. Einige Minuten köcheln lassen, bis der Kürbis gar ist. Danach auskühlen lassen.

4. Für den Bulgur 2 EL Olivenöl in einem Topf erhitzen und das Currypulver kurz anrösten, Bulgur dazugeben und gut durchrühren. Salzen und mit 220 ml Wasser aufgießen. Einmal gut aufkochen lassen, Deckel auf den Topf geben und zur Seite stellen. 10–15 Min. ziehen lassen.

5. Kürbis vor dem Anrichten mit 2 EL Olivenöl und Balsamico marinieren, Endiviensalat und Bulgur untermischen und mit den Gewürznüssen bestreuen.

TIPP: Mit Quinoa anstelle von Bulgur schmeckt der Salat ebenfalls hervorragend.

FRUCHTIGER ROTKOHLSALAT

MIT ESSKASTANIEN

ZUTATEN für 4 Portionen

5 EL Olivenöl
1 mittelgroße rote Zwiebel,
geschält und fein geschnitten
½ TL braune Senfsamen
¼ TL Kreuzkümmelsamen
1 cm Zimtrinde
2 Gewürznelken
500 g Rotkohl,
in feine Streifen gehobelt
150 g Esskastanien,
bereits gekocht
oder 300 g frische Esskastanien, eingeschnitten
1 Apfel, in 5 mm große Würfel geschnitten
1 Birne, in 5 mm große Würfel geschnitten
1 Orange, geschält und in kl. Stücke geschnitten
5 EL Balsamico
Salz

DAUER 50 Min. **SCHWIERIGKEIT** einfach

1. 2 EL Olivenöl in einem Topf erhitzen und die Zwiebel 1 Min. anbraten. Dann Gewürze hinzugeben, kurz braten und geschnittenen Rotkohl beigeben. Gut durchrühren, Hitze etwas reduzieren und ca. 15 Min. garen. Anschließend auskühlen lassen.

2. Im Falle von frischen Esskastanien Backofen auf 200 °C vorheizen, diese auf ein Backblech legen und 20–25 Min. garen. Noch heiß schälen und beiseitestellen.

3. Rotkohl, Esskastanien und Früchte in eine Schüssel geben und mit Balsamico, restlichem Olivenöl und Salz marinieren.

TIPP: Sie können den Salat auch mit rohem Rotkohl zubereiten, allerdings sollte dieser dann sehr fein gehobelt werden. Eine Alternative wäre, den Salat mit Weißkohl zuzubereiten und fein geschnittene Karotten und Kohlrabi unterzumischen.

GEMÜSE

Kartoffelstampf

Kartoffelnocken
mit Pilzen und Blattspinat

Rote Bete mit Ziegenkäse
und Fladenbrot

Gebratener Chicorée

Kohlrouladen mit Tomatenragout

Rosenkohl mit Esskastanien

Gebratener Weißkohl

Gefüllte Paprika

Gebratener Spargel mit Reisbratlingen

Geschmorter Sellerie

Ofenkarotten

KARTOFFELSTAMPF

ZUTATEN für 4 Portionen als Beilage

800 g mehlige Kartoffeln
100 g Schalotten, geschält und in feine Würfel geschnitten
8 EL Ghee
Olivenöl nach Bedarf
Salz
schwarzer Pfeffer
etwas Muskatnuss, gerieben
2 Msp. Asafoetida
1 EL scharfes Currypulver (s. S. 74) oder
¼ TL Kurkuma, gemahlen
¼ TL braune Senfsamen, gemörsert
¼ TL Kreuzkümmelsamen, gemörsert
¼ TL Fenchelsamen, gemörsert
1 Prise Harissa oder Cayennepfeffer

TIPP: Entweder einfach so oder mit Gemüse zum geschmorten Kalbstafelspitz (s. S. 175) genießen. Im Ayurveda werden Kartoffeln ja nicht als Beilage zu Fleisch empfohlen, ABER hier MUSS man einfach mal eine Ausnahme machen.

Das ist mein absolutes „Kartoffel-Lieblingsgericht" – mit viel gutem Olivenöl und Ghee vermischt, bis es die richtige Konsistenz hat, und ich bin im Kartoffelhimmel angekommen.

DAUER 15 Min. + 50 Min. Kochzeit
SCHWIERIGKEIT einfach

1. Kartoffeln in Salzwasser mit Schale weich kochen, danach heiß schälen.

2. Während die Kartoffeln kochen, Schalotten in 2 EL Ghee langsam goldgelb anbraten und beiseitestellen.

3. Geschälte, heiße Kartoffeln in die Rührschüssel der Küchenmaschine geben oder in den Topf, in dem sie gekocht wurden.

4. Restliche Zutaten hinzugeben und entweder mit einem Kartoffelstampfer oder mit dem Rührelement der Küchenmaschine zerkleinern – Kartoffelstückchen sollen dabei erhalten bleiben. Olivenöl nach Bedarf zugeben.

5. Abschmecken und genießen.

TIPP: Am leichtesten zu verarbeiten ist der Teig, wenn die Kartoffeln richtig mehlig sind, und sie müssen unbedingt am Vortag gekocht werden. Wenn Sie warme Kartoffeln verwenden, wird der Teig gummiartig und lässt sich nur schwer verarbeiten.

KARTOFFELNOCKEN
MIT PILZEN UND BLATTSPINAT

ZUTATEN für 6 Portionen

KARTOFFELNOCKEN
1 kg mehlige Kartoffeln, am Vortag gekocht, dann geschält und passiert (etwa 750 g)
225 g griffiges Mehl (Spätzlemehl)
2 EL flüssiges Ghee
5 Eigelb
Salz
Pfeffer
etwas Muskatnuss, gerieben
1 Msp. Asafoetida

PILZSAUCE
300 g Blattspinat, gewaschen
8 EL Ghee oder Olivenöl
1 mittelgroße Zwiebel, geschält und in feine Würfel geschnitten
1 TL „Enjoy Pitta" +
½ TL „Italian Curry" oder
½ TL braune Senfsamen, ganz
½ TL Koriandersamen, gemörsert
1 kl. Stk. Muskatblüte, gemörsert
¼ TL Kurkuma, gemahlen
150 ml Sahne
400 g Pilze (z. B. Kräuterseitlinge), in 3 mm dicke Scheiben geschnitten
Salz
schwarzer Pfeffer
etwas Knoblauchpulver

DAUER 90 Min. **SCHWIERIGKEIT** mittel

1. Wasser mit Salz zum Kochen bringen.

2. Für den Teig alle Zutaten per Hand in einer Schüssel vermengen. Arbeitsfläche eventuell mit etwas Mehl bestäuben. Ein Drittel des Teiges zu einer dünnen Rolle formen und kleine Stücke (Nocken) abschneiden.

3. Nocken in das kochende Wasser geben, einmal aufkochen, Topf zur Hälfte von der Herdplatte nehmen und ca. 5 Min. ziehen lassen. Nocken mit einem Schaumlöffel aus dem Wasser nehmen und in eine Schüssel geben. Den restlichen Teig ebenso verarbeiten.

4. 200 ml vom Kochwasser in ein Gefäß geben und beiseitestellen. In dem Topf frisches Wasser zum Kochen bringen und eine Schüssel mit Eiswasser vorbereiten.

5. Blattspinat ca. 20 Sek. blanchieren und sofort in Eiswasser geben. Durch ein Sieb abgießen, gut ausdrücken und dann einige Male durchschneiden.

6. Zwiebeln in 2 EL Ghee 7 Min. anbraten, Gewürze zugeben und 30 Sek. leicht anrösten, Sahne und 200 ml Kochwasser hinzufügen, dann zur Seite stellen.

7. 6 EL Ghee in einer Pfanne erhitzen und Pilze nach und nach 3–4 Min. anbraten. Mit Salz, Pfeffer und Knoblauchpulver würzen und zu den Zwiebeln geben.

8. Gekochte Nocken hinzugeben und alles gemeinsam erhitzen. Zum Schluss Blattspinat untermengen, ca. 2 Min. köcheln lassen, abschmecken und anrichten.

ROTE BETE
MIT ZIEGENKÄSE UND FLADENBROT

ZUTATEN für 6 Portionen

800 g Rote Beten,
kleinere Knollen, roh mit Schale, gewaschen
8 Pfefferkörner
5 Wacholderbeeren
3 Lorbeerblätter
1 cm Zimtrinde
5 Pimentkörner
1 Gewürznelke

1 TL Salz
schwarzer Pfeffer
Olivenöl oder Ghee
300 g Ziegenkäse (Ziegenrolle), in dicke Scheiben geschnitten
Kresse

Fladenbrot, s. S. 85

DAUER 20 Min. + Garzeit der Roten Bete
SCHWIERIGKEIT einfach

1. Backofen auf 180 °C vorheizen.

2. Einen Topf oder einen Bräter mit Deckel mit Backpapier auslegen und Rote Beten sowie sämtliche Gewürze hineingeben. Die Knollen sollen nicht übereinanderliegen. 300 ml Wasser zugießen, den Deckel auf den Topf (Bräter) geben und für mind. 2 Std. im Backofen garen (je nach Größe der Knollen).

3. Wenn die Rote Bete gar ist, aus dem Ofen nehmen und vorsichtig mit dem Messer schälen.

4. Anschließend in Scheiben schneiden, salzen, pfeffern und mit Olivenöl oder Ghee beträufeln.

5. Ziegenkäse-Scheiben für 1 Min. in den noch heißen Backofen geben. Er sollte nur leicht erwärmt werden.

6. Kresse darüberstreuen und servieren.

Rote Bete – entweder man liebt sie oder man mag sie nicht. So ein bisschen gibt es da nicht, finde ich jedenfalls. Ich gehöre zur ersten Gruppe – egal, ob als Salat, als Curry oder eben diese Variante aus dem Ofen.

An einem Tag Ende Oktober habe ich mich mit Kerstin Rosenberg in Wien zum Mittagessen getroffen und wir haben über dieses – damals gerade in der Anfangsphase stehende Buch – gesprochen. Und ich habe dieses grandiose Rote-Bete-Gericht gegessen. Zu Hause dann nachgekocht und für sehr gut befunden!

GEBRATENER CHICORÉE

ZUTATEN für 4 Portionen
als Beilage

1 EL Ghee
6 Stk. Chicorée, längs halbiert oder geviertelt
1 Karotte, in Stifte geschnitten
1 gelbe Rübe, in Stifte geschnitten
½ TL „Happy Kapha" oder
1 Prise Bockshornkleesamen, gemörsert
1 Prise Ajowan, gemörsert
2 Pimentkörner, gemörsert
1 Prise Zimt, gemahlen
½ TL Rohrohrzucker
1 Prise Salz
Petersilie, gehackt, zum Bestreuen

TIPP: Chicorée schmeckt nicht nur roh, unter Blattsalat gemischt, sondern auch gebraten. Eine köstliche Beilage etwa zu Lachsforelle (s. S. 166) oder zu Rehrücken (s. S. 177).

DAUER 30 Min. **SCHWIERIGKEIT** einfach

1. Ghee in einer Pfanne erhitzen, Chicorée rundherum anbraten, dann aus der Pfanne nehmen.

2. Karotte und gelbe Rübe in die Pfanne geben und kurz anbraten, Gewürze hinzugeben und kurz mitrösten. Danach Zucker darüberstreuen und leicht karamellisieren.

3. Chicorée wieder in die Pfanne geben, salzen und gut durchschwenken.

4. 50 ml Wasser zugießen und köcheln lassen, bis der Chicorée weich ist. Vor dem Anrichten mit Petersilie bestreuen.

TIPP: Etwas aufwendiger und zeitintensiver in der Zubereitung, aber es lohnt sich wirklich. Statt dem Kohl können Sie auch Wirsingblätter verwenden.

KOHLROULADEN

MIT TOMATENRAGOUT

ZUTATEN für 4 Portionen

12 Blätter weicher Weißkohl
6 EL Ghee oder Olivenöl
1 gr. Zwiebel, geschält und fein geschnitten
1 frische Chilischote, Menge je nach Wunsch
2 TL „Spicy Mix“ (s. S. 76) oder
½ TL braune Senfsamen, ganz
¼ TL Kreuzkümmel, gemörsert
¼ TL Fenchelsamen, gemörsert
½ TL Koriandersamen, gemörsert
¼ TL Kurkuma, gemahlen
200 g Karotten, geschält und grob geraspelt
100 g Zucchini, grob geraspelt
100 g Kartoffeln, geschält, gekocht, passiert oder zerdrückt

1 kl. Zwiebel, fein geschnitten
15 gr. Kirschtomaten, ohne Kerne, geviertelt
Salz
schwarzer Pfeffer
¼ TL Kurkuma, gemahlen
1 Prise Zucker

DAUER 90 Min. **SCHWIERIGKEIT** aufwendig

1. In einem Topf Wasser zum Kochen bringen und Kohlblätter nach und nach je 2 Min. blanchieren. Anschließend in kaltem Wasser abschrecken.

2. Für die Fülle Zwiebel und Chili in 2 EL Ghee oder Olivenöl anrösten, danach Gewürze zugeben, kurz miträsten, anschließend Karotten und Zucchini beimengen und gut durchrühren.

3. Einige Minuten leicht braten, bis das Gemüse weich ist. Mit Salz abschmecken und mit den Kartoffeln vermischen.

4. Backofen auf 170 °C vorheizen.

5. Blanchierte Kohlblätter auf einem Geschirrtuch ausbreiten und trocken tupfen. Fülle darauf verteilen und jedes Blatt einrollen.

6. In einer beschichteten und ofenfesten Pfanne 2 EL Ghee oder Olivenöl erhitzen und die Rouladen rundherum anbraten.

7. Danach für 10 Min. in den Backofen geben.

8. Für das Tomatenragout 2 EL Ghee oder Olivenöl in einer Pfanne erhitzen, Zwiebel kurz anrösten, Tomaten hinzugeben, gut durchschwenken und einige Minuten leicht köcheln lassen. Mit Salz, Pfeffer, Kurkuma und Zucker abschmecken.

9. Kohlrouladen anrichten und Tomatenragout darauf verteilen.

ROSENKOHL
MIT ESSKASTANIEN

ZUTATEN für 4 Portionen

200 g Esskastanien, gegart und geschält
1 TL Fenchelsamen, ganz
500 g Rosenkohl, geputzt und am Strunk kreuzweise eingeschnitten
1 EL Ghee
50 g Schalotten, geschält und fein geschnitten
1 TL „Balance Mix" (s. S. 76) oder
¼ TL Ajowansamen, gemörsert
¼ TL Bockshornkleesamen, gemörsert
¼ TL Koriandersamen
1 Msp. Kurkuma, gemahlen
50 ml Sahne
100 ml Orangensaft oder Wasser
Salz
schwarzer Pfeffer

TIPP: Ein tolles Gemüsegericht – als Beilage zu Wild oder als Hauptgericht mit Reis und Linsen.

DAUER 45 Min. **SCHWIERIGKEIT** einfach

1. Falls rohe Esskastanien verwendet werden, Backofen auf 190 °C vorheizen. Esskastanien an der bauchigen Seite vorsichtig längs bzw. kreuzweise einschneiden und auf ein Backblech legen. Danach für 22–25 Min. in den Backofen geben und noch heiß schälen (wenn sie auskühlen, löst sich die Schale sehr schwer).

2. Wasser in einem Topf mit Fenchelsamen zum Kochen bringen und 3 Min. kochen lassen. Einerseits sorgen diese für einen guten Geschmack und andererseits vermindern sie die blähende Wirkung des Rosenkohls. Danach die Fenchelsamen abseihen.

3. Rosenkohl im aromatisierten Wasser mind. 6 Min. kochen lassen. Sobald er gar ist, abseihen, kurz unter fließendem Wasser abschrecken und beiseitestellen (nach Wunsch halbieren).

4. In einem Topf oder einer Pfanne Ghee erhitzen und Schalotten 3 Min. leicht anbraten.

5. Gewürze zugeben und 20 Sek. leicht anrösten. Mit Sahne und Orangensaft oder Wasser ablöschen und alles 4 Min. köcheln lassen.

6. Zum Schluss Rosenkohl und Esskastanien hinzugeben und mit Salz und Pfeffer abschmecken.

GEBRATENER WEISSKOHL

ZUTATEN für 4 Portionen

3 gr. Tomaten
4 EL Ghee oder Olivenöl
600 g Weißkohl, ohne Strunk in feine Streifen geschnitten
½ TL „Ganesha's Lentils" +
½ TL „Lovely Vata" oder
¼ TL braune Senfsamen, ganz
¼ TL Schwarzkümmelsamen, ganz
¼ TL Kreuzkümmelsamen, gemörsert
¼ TL Fenchelsamen, gemörsert
¼ TL Koriandersamen, gemörsert
1 Msp. Kurkuma, gemahlen
1 Msp. Asafoetida
½ TL Salz
1 EL Petersilie, gehackt

Also, ich esse Kohl sehr gerne und finde, er passt fast überall dazu. Aufgrund der Fülle an Gewürzen ist er auch leicht verdaulich.

TIPP: Rotkohl können Sie auf dieselbe Weise zubereiten – so haben Sie eine gute Beilage zu gebratener Ente – die Tomaten würde ich in diesem Fall aber weglassen.

DAUER 30 Min. **SCHWIERIGKEIT** einfach

1. Wasser in einem Topf zum Kochen bringen. Tomaten an der Unterseite kreuzweise einritzen und für einige Sekunden im kochenden Wasser blanchieren. Danach sofort in eine Schüssel mit Eiswasser geben. Tomaten schälen, vierteln und die Kerne entfernen.

2. Ghee oder Olivenöl in einem großen, weiten Topf erhitzen und Kohl anbraten. Die Menge sieht vermutlich nach sehr viel aus, dies gibt sich jedoch nach einigen Minuten.

3. Hitze etwas reduzieren, sodass der Kohl nicht allzu viel Farbe bekommt.

4. 5 Min. braten, danach Gewürze hinzugeben und fertig garen.

5. Erst salzen, wenn der Kohl weich ist, abschließend Tomaten und Petersilie unterrühren.

GEFÜLLTE PAPRIKA

ZUTATEN für 6 Portionen

2 EL Ghee
1 gr. Zwiebel, geschält und fein geschnitten
1 Chilischote, entkernt und fein geschnitten
1 TL „Hot India“ +
½ TL „Lovely Vata“ oder
1 TL braune Senfsamen, ganz
¼ TL Kreuzkümmel, gemörsert
¼ TL Fenchelsamen, gemörsert
½ TL Koriandersamen, gemörsert
200 g Weißkohl, in feine Streifen geschnitten
200 g Karotten, geschält und grob geraspelt
100 g Zucchini, grob geraspelt
¼ TL Kurkuma, gemahlen
200 g Couscous
Salz
6 Paprika, gelb und rot, Kappen abgeschnitten und entkernt
500 g festkochende Kartoffeln, geschält, evtl. halbiert oder geviertelt

TIPP: Für die Fülle verwende ich Couscous, Sie können aber auch Quinoa, Hirse oder Bulgur nehmen.

Ein klassisches österreichisches Gericht – es wird mit Tomatensauce (s. S. 91) und Kartoffeln serviert.

DAUER 30 Min. + 45 Min. Garzeit
SCHWIERIGKEIT mittel

1. Zwiebel und Chili in Ghee 5 Min. anbraten, danach Gewürze (außer Kurkuma) zugeben und etwa 30 Sek. leicht anrösten.

2. Weißkohl und Karotten zufügen und ca. 7 Min. sanft braten. Dann Zucchini und Kurkuma hinzugeben und weitere 2 Min. garen.

3. Couscous und ½ TL Salz beimengen und mit 300 ml kochendem Wasser aufgießen, Topf vom Herd nehmen, zudecken und 10 Min. ziehen lassen.

4. Backofen auf 200 °C vorheizen.

5. Die vorbereiteten Paprikaschoten mit der Masse füllen, in einer ofenfesten Form nebeneinander aufstellen und für ca. 40 Min. in den vorgeheizten Ofen geben.

6. In der Zwischenzeit Kartoffeln in leicht gesalzenem Wasser kochen.

7. Paprika und Kartoffeln in 6 tiefen Tellern anrichten und jeweils einen Schöpflöffel Tomatensauce zugießen oder die Sauce extra reichen.

GEBRATENER SPARGEL

MIT REISBRATLINGEN

ZUTATEN für 4 Portionen

GEBRATENER SPARGEL
600 g Spargel, weiß und grün gemischt oder nur eine Sorte, geschält
3 EL Ghee
1½ TL „Spicy Mix“ (s. S. 76)
oder
½ TL braune Senfsamen, ganz
½ TL Koriandersamen, gemörsert
¼ TL Fenchelsamen, gemörsert
¼ TL Kurkuma, gemahlen
1 Prise Salz
1 TL frischer Zitronensaft
1 EL Petersilie oder Schnittlauch, geschnitten

REISBRATLINGE
200 g mehlige Kartoffeln, gekocht und passiert
200 g Reis, gekocht
1 Karotte, grob gerieben
1 kl. Stk. Lauch oder Frühlingszwiebel, fein in Ringe geschnitten
Salz
schwarzer Pfeffer
1 TL „Stimulate Mix“ (s. S. 77)
oder
¼ TL Koriandersamen, gemörsert
¼ TL Kreuzkümmelsamen, gemörsert
¼ TL Kurkuma, gemahlen
3 EL Kichererbsenmehl oder Paniermehl (Semmelbrösel)
Ghee zum Braten

Gekochter Spargel mit Kartoffeln und Sauce Hollandaise ist ein Klassiker und wird im Frühling bereits herbeigesehnt. In diesem Rezept wird er gebraten und mit Gewürzen zubereitet, und ich verspreche Ihnen: Es lohnt sich!

DAUER 60 Min. **SCHWIERIGKEIT** einfach

1. Spargelstangen dritteln, falls es dicke Stangen sind, zusätzlich längs halbieren.

2. Ghee in einem Topf oder einer größeren Pfanne erhitzen und Gewürze 30 Sek. leicht anrösten.

3. Spargel hinzugeben und gut durchrühren.

4. Salzen, Zitronensaft zufügen und nach und nach etwas Wasser zugießen. Dabei ständig vorsichtig umrühren. Nach einigen Minuten ist der Spargel gar – es soll nur wenig Flüssigkeit übrigbleiben.

5. Petersilie oder Schnittlauch zugeben, kurz durchrühren, fertig.

6. Für die Reisbratlinge alle Zutaten gut vermischen, danach Laibchen formen und in Ghee von beiden Seiten braten.

TIPP: Sollte Ihnen einmal gekochter Reis übrigbleiben, werden so im Handumdrehen köstliche Bratlinge daraus. Serviert mit Blattsalat und einem pikanten Chutney (s. S. 182f.) wird daraus eine herrliche Mahlzeit.

GESCHMORTER SELLERIE

ZUTATEN für 4 Portionen

1 Knollensellerie, ungeschält, vom Schmutz befreit
frische Thymianzweige
½ TL Salz
1 EL Ghee
½ TL „Spicy Mix“ (s. S. 76) oder
¼ TL Koriandersamen, gemörsert
¼ TL Fenchelsamen, gemörsert
1 Prise Ajowan, gemörsert
1 Msp. Kurkuma, gemahlen
Salz

Die Zutatenliste ist überschaubar, wir benötigen nur eine Knolle Sellerie. Dieser wird ja oft als „Suppengrün“ abgetan und fristet so ein trostloses Dasein. ABER diese Art der Zubereitung ist genial, super einfach und das Wichtigste: Es schmeckt!

DAUER 10 Min. + 2 Std. Garzeit
SCHWIERIGKEIT einfach

1. Backofen auf 180 °C vorheizen.

2. Einen ofenfesten Topf mit Deckel mit Backpapier auslegen, Sellerie, Thymian, Salz und 150 ml Wasser hineingeben und für 90–120 Min. in den Backofen geben.

3. Der Sellerie ist gar, wenn Flüssigkeit austritt und die Schale wellig wird.

4. Etwas abkühlen lassen, dann schälen und das „Fruchtfleisch herauszupfen“ (etwa 3–4 cm große Stücke).

5. Ghee erhitzen und Gewürze leicht anrösten. Sellerie zugeben und gut durchmischen.

6. Salzen und etwas Wasser zugießen, um eine cremige Konsistenz zu erhalten.

OFENKAROTTEN

ZUTATEN für 4 Portionen

600 g gemischte Karotten,
geschält oder auch nicht,
in grobe Stücke geschnitten
3 EL Ghee
½ TL „Orient Masala" +
½ TL „Enjoy Pitta" oder
1 Stk. Muskatblüte, gemörsert
¼ TL Kreuzkümmelsamen, gemörsert
¼ TL Koriandersamen, gemörsert
2 Msp. Kurkuma, gemahlen
¼ TL Salz
schwarzer Pfeffer
2 EL Petersilie, gehackt

Karotten mit Kokos, Karotten mit Ingwer, Karotten mit … – schmeckt alles sehr gut. Aber am besten finde ich dieses Rezept: als Beilage zu gebratenem Fleisch, zu einem Dal oder einfach nur Karotten.

DAUER 15 Min. + 45 Min. Garzeit
SCHWIERIGKEIT einfach

1. Backofen auf 200 °C vorheizen.

2. Karotten mit Ghee und den Gewürzen vermischen und 40–50 Min. im Ofen garen.

3. Wenn sie fertig sind, mit Petersilie bestreuen und einfach nur genießen.

LINSEN & CO.

Kichererbsen
mit Mangold und Karotten

Berglinsen-Eintopf
mit Auberginen und Radicchio

Kichererbsen
mit Spinat und Paneer

Linsen-Couscous-Puffer

Belugalinsen
mit marinierten Feigen

Bohnenragout mit
Radieschen-Schnittlauch-Vinaigrette

KICHERERBSEN
MIT MANGOLD UND KAROTTEN

ZUTATEN für 4 Portionen

150 g getrocknete Kichererbsen, vorab 12 Std. in kaltem Wasser eingeweicht
200 g Mangold
1 EL Ghee
2 Schalotten, geschält und fein geschnitten
1 gr. Karotte, geschält und in 5 mm große Würfel geschnitten
1 TL „Ganesha's Lentils" +
1 TL „Hot India" oder
½ EL braune Senfsamen, ganz
½ TL Kreuzkümmelsamen, gemörsert
½ TL Koriandersamen, gemörsert
½ TL Fenchelsamen, gemörsert
½ TL Kurkuma, gemahlen
2 Msp. Harissa oder Cayennepfeffer
1 Msp. Asafoetida
1 TL Tomatenmark
200 g Tomaten, in Stücken, aus der Dose
Salz

DAUER 40 Min. + 90 Min. Kochzeit
SCHWIERIGKEIT mittel

1. Kichererbsen abgießen und in einem Topf mit reichlich Wasser etwa 1 Std. kochen lassen. Danach abseihen und beiseitestellen.

2. Stiele und Blätter vom Mangold separat in Schüsseln geben. Stiele in 5 mm und Blätter in 1 cm große Stücke schneiden.

3. Ghee in einem Topf erhitzen und Schalotten 3 Min. leicht anbraten. Danach Karotte und Mangoldstiele zugeben und weitere 3 Min. leicht braten.

4. Gewürze zufügen und 20 Sek. leicht anrösten, Tomatenmark dazugeben und gut durchrühren.

5. 100 ml Wasser und Dosentomaten hinzugeben und 5 Min. köcheln lassen. Dann Mangoldblätter dazugeben und weitere 5 Min. köcheln.

6. Sobald das Gemüse weich ist, gekochte Kichererbsen hinzufügen, einmal aufkochen und abschmecken.

TIPP: Selbstverständlich können Sie auch bereits gegarte Kichererbsen aus dem Glas verwenden (450 g). Statt Mangold können Sie auch Blattspinat oder Stangensellerie verwenden.

BERGLINSEN-EINTOPF

MIT AUBERGINEN UND RADICCHIO

ZUTATEN für 4 Portionen

1 Aubergine, in 1 cm große Würfel geschnitten
1 Rosmarinzweig, frisch
2 Thymianzweige, frisch
4 EL Olivenöl
2 EL Ghee
2 Schalotten, geschält und fein geschnitten
1 kl. frische Chilischote, entkernt, fein geschnitten
1 TL „Stimulate Mix" (s. S. 77) oder
¼ TL braune Senfsamen, ganz
¼ TL Kreuzkümmelsamen, ganz
¼ TL Bockshornkleesamen, ganz
¼ TL Kurkuma, gemahlen
1 Msp. Harissa oder Cayennepfeffer
1 Msp. Asafoetida
200 g Berglinsen
80 g Sojabohnen, frisch oder tiefgekühlt
150 ml Kokosmilch
Salz
schwarzer Pfeffer
2 Handvoll Radicchio, in feine Streifen geschnitten

DAUER 45 Min. **SCHWIERIGKEIT** mittel

1. Auberginenwürfel in eine Schüssel geben, mit 1 TL Salz vermischen und 30 Min. stehen lassen. In der Zwischenzeit Backofen auf 200 °C vorheizen und ein Backblech mit Backpapier auslegen. Dann Aubergine unter kaltem Wasser abspülen und in einem Sieb abtropfen lassen. Auf das Backblech geben, mit etwas Salz, Rosmarin, Thymian und Olivenöl vermischen und 30–40 Min. im Ofen garen.

2. Ghee in einem Topf erhitzen, Schalotten und Chili zugeben und leicht anbraten. Danach Gewürze dazugeben, kurz mitrösten. Als Nächstes Berglinsen beigeben, gut durchrühren und mit 500 ml Wasser aufgießen. Etwa 30 Min. köcheln lassen. Sobald die Linsen weich sind, Kokosmilch zufügen und köcheln lassen, bis es etwas eindickt. Danach den Topf zur Seite ziehen.

3. Sojabohnen im kochenden Wasser kurz blanchieren, danach abseihen.

4. Auberginenwürfel und Sojabohnen unter die Linsen mischen und mit Salz und Pfeffer abschmecken. Zum Schluss Radicchio untermengen und servieren.

TIPP: Mit Reisbratlingen (s. S. 133) oder Fladenbrot (s. S. 85) serviert ist das ein schönes Hauptgericht. Statt Auberginen können auch Zucchini verwendet werden.

KICHERERBSEN
MIT SPINAT UND PANEER

ZUTATEN für 4 Portionen

150 g getrocknete Kichererbsen, vorab 12 Std. in kaltem Wasser eingeweicht
2 Handvoll Blattspinat, gewaschen
2 EL Ghee
2 Schalotten, geschält und fein geschnitten
1 kl. frische Chilischote, entkernt, fein geschnitten
½ TL „Ganesha's Lentils" +
½ TL „Enjoy Pitta" oder
¼ TL braune Senfsamen, ganz
¼ TL Kreuzkümmelsamen, gemörsert
¼ TL Koriandersamen, gemörsert
¼ TL Kurkuma, gemahlen
1 Msp. Harissa oder Cayennepfeffer
150 ml Kokosmilch
1 Msp. Knoblauchpulver
etwas Muskatnuss, gerieben
¼ TL mildes Currypulver, s. S. 74
5 Stk. getrocknete Tomaten aus dem Glas, in feine Streifen geschnitten
Salz
schwarzer Pfeffer
Paneer aus 2 l Milch, s. S. 93

DAUER 60 Min. + 60 Min. Kochzeit
SCHWIERIGKEIT aufwendig

1. Kichererbsen abgießen und in einem Topf mit reichlich Wasser etwa 1 Std. kochen lassen. Danach abseihen und beiseitestellen.

2. Blattspinat in kochendem Wasser blanchieren und danach in kaltem Wasser abschrecken. Abseihen, gut ausdrücken und einige Male durchschneiden.

3. Ghee in einem Topf erhitzen, Schalotten und Chili leicht anbraten, danach Gewürze hinzugeben. Kurz mitrösten, Kichererbsen, 120 ml Wasser und Kokosmilch zufügen, aufkochen und 5 Min. köcheln lassen.

4. Blattspinat, restliche Gewürze und Tomaten dazugeben, mit Salz und Pfeffer abschmecken. Eventuell noch Wasser oder Kokosmilch zugießen, da der Spinat sehr viel Flüssigkeit aufsaugt.

5. Paneer in 2 cm große Würfel schneiden, untermischen oder extra servieren.

TIPP: Paneer in Würfel schneiden, mit etwas Currypulver würzen und danach untermischen oder zusätzlich noch in Ghee anbraten.

LINSEN-COUSCOUS-PUFFER

ZUTATEN für 4 Portionen

150 g rote Linsen
1 EL Ghee
2 Schalotten, geschält und fein geschnitten
1 TL „Spicy Mix" (s. S. 76) oder
½ TL Koriandersamen, gemörsert
¼ TL Kreuzkümmelsamen, gemörsert
¼ TL Kurkuma, gemahlen
150 g Couscous
200 g mehlige Kartoffeln, gekocht und passiert
2 EL Minze, gehackt
2 EL Sesam
2 Msp. Knoblauchpulver
Salz
schwarzer Pfeffer
evtl. 2 EL Kichererbsenmehl oder Paniermehl (Semmelbrösel)
Ghee zum Braten

TIPP: Sehr gut schmecken die Puffer mit Blattsalat und einem Dip oder Chutney (s. S. 182ff.) oder als Einlage in der Rote-Linsen-Suppe (s. S. 101).

DAUER 30 Min. **SCHWIERIGKEIT** einfach

1. Rote Linsen in einen Topf mit kochendem Wasser geben und ca. 15 Min. weich kochen. Danach in ein Sieb abgießen und in eine Schüssel umfüllen.

2. Ghee in einem Topf erhitzen und Schalotten leicht anbraten. Dann Gewürze und Couscous zugeben, gut durchrühren und mit 200 ml Wasser aufgießen. Einmal kurz aufwallen lassen, danach abdecken, zur Seite stellen und 10 Min. ziehen lassen.

3. Danach Couscous und die restlichen Zutaten zu den roten Linsen geben und alles gut vermengen.

4. Ghee in einer Pfanne erhitzen, aus der Masse kleine Laibchen formen und bei mittlerer Hitze von beiden Seiten je etwa 5 Min. knusprig braten.

BELUGALINSEN
MIT MARINIERTEN FEIGEN

ZUTATEN für 4 Portionen

6 EL Walnussöl
4 EL Balsamico
Saft von 1 Orange
Abrieb von ½ Bio-Orange
2 Msp. „Sweet Krishna“ oder
1 Msp. Zimt, gemahlen
1 Pimentkorn, gemörsert
Samen einer grünen
Kardamomkapsel, gemörsert
5 frische Feigen, geviertelt
160 g Belugalinsen
1 Karotte, geschält
und in kleine Würfel geschnitten
1 gelbe Rübe, geschält
und in kleine Würfel geschnitten
4 Kirschtomaten, geviertelt
1 Schalotte, geschält
und in feine Ringe geschnitten
1 Handvoll Babyspinat oder
Blattsalat
Salz
schwarzer Pfeffer

DAUER 50 Min. + 2 Std. zum Marinieren
SCHWIERIGKEIT einfach

1. Walnussöl, Balsamico, Orangensaft und -schale sowie Gewürze in einer Schüssel verrühren und die Feigen darin 2 Std. marinieren.

2. Linsen in ca. 500 ml Wasser 25 Min. köcheln lassen, dann Karotten- und gelbe Rübenwürfel zugeben. Weitere 5–10 Min. köcheln, bis die Linsen weich sind – danach, falls notwendig, überschüssige Flüssigkeit abgießen.

3. Feigen aus der Marinade nehmen und beiseitestellen. Linsen in der Marinade 20 Min. ziehen lassen.

4. Kirschtomaten, Schalotten und Spinat oder Blattsalat unterheben, abschmecken und mit den Feigen anrichten.

TIPP: Aprikosen, Pfirsiche oder Kirschen lassen sich auf dieselbe Art marinieren und harmonieren wunderbar mit Linsen.

BOHNENRAGOUT

MIT RADIESCHEN-SCHNITTLAUCH-VINAIGRETTE

ZUTATEN für 4 Portionen

100 g Sojabohnen,
frisch oder tiefgekühlt
100 g weiße Bohnen,
aus der Dose
100 g Käferbohnen,
aus der Dose
100 g Kidneybohnen,
aus der Dose
2 EL Ghee
3 Schalotten, geschält,
in feine Ringe geschnitten
1 kl. frische Chilischote,
entkernt, fein geschnitten
½ TL „Balance Mix" +
½ TL „Spicy Mix" (s. S. 76) oder
¼ TL frischer Ingwer, fein gerieben
½ TL Koriandersamen, gemörsert
¼ TL Ajowan, ganz
¼ TL Kurkuma, gemahlen
150 g Radieschen,
in Streifen geschnitten
5 EL Schnittlauch,
fein geschnitten
6 EL Balsamico
5 EL Olivenöl oder
3 EL Olivenöl + 2 EL Kürbiskernöl
Salz
schwarzer Pfeffer
3 EL Pinienkerne

DAUER 25 Min. **SCHWIERIGKEIT** einfach

1. Sojabohnen in kochendem Wasser kurz blanchieren, danach abseihen. Restliche Bohnen in ein Sieb gießen, unter kaltem Wasser ausschwemmen und dazugeben.

2. Ghee in einer Pfanne erhitzen und Schalotten bei mittlerer Hitze leicht anbraten. Gewürze beigeben und kurz mitrösten. Bohnen hinzufügen, gut durchschwenken und mit 3 EL Balsamico ablöschen. Pfanne zur Seite stellen und 1 EL Olivenöl unterrühren.

3. Für die Vinaigrette Radieschen und Schnittlauch mit 3 EL Balsamico, 4 EL Olivenöl (oder gemischt mit Kürbiskernöl), Salz und Pfeffer verrühren.

4. Pinienkerne ohne Fett in einer Pfanne vorsichtig rösten.

5. Die noch lauwarmen Bohnen in einer Schüssel oder einer tiefen Platte anrichten, die Vinaigrette darüber verteilen und mit Pinienkernen bestreuen.

TIPP: Gemeinsam mit Fladenbrot (s. S. 85) passt das Ragout herrlich zu Gegrilltem oder zum Lachsforellenfilet (s. S. 166).

PASTA

Tagliatelle in Thunfischsauce
mit Zucchini und Oliven

Tagliatelle
mit Zucchini, Speck und Fischstreifen

Pilzlasagne

Krautfleckerl –
eine österreichische Spezialität

Pappardelle
mit Hühnerfleisch und Bohnen

Schlutzkrapfen
mit Kürbis und Pinienkernen

TAGLIATELLE

IN THUNFISCHSAUCE MIT ZUCCHINI UND OLIVEN

ZUTATEN für 6 Portionen

Nudelteig lt. Rezept (s. S. 88) in Tagliatelle geschnitten oder 600 g Tagliatelle, nach Packungsanleitung gekocht
15 marinierte Kirschtomaten, s. S. 81
500 g Mascarpone
1 Dose Thunfisch, in Öl eingelegt
3 EL Rotes Pesto, s. S. 185
½ TL „Hot India" +
½ TL „Happy Kapha" oder
¼ TL Kreuzkümmelsamen, gemörsert
¼ TL Koriandersamen, gemörsert
¼ TL Kurkuma, gemahlen
2 Msp. Harissa
400 g Zucchini, in 5 mm große Würfel geschnitten
Olivenöl zum Anbraten
Salz
schwarzer Pfeffer
1 Msp. Knoblauchpulver
10 Oliven, halbiert oder geviertelt

DAUER 40 Min. **SCHWIERIGKEIT** einfach

1. Marinierte Kirschtomaten wie beschrieben zubereiten.

2. Mascarpone mit Thunfisch, ca. 100 ml Wasser und den Gewürzen mixen, bis eine glatte Creme entsteht. Eventuell noch etwas Flüssigkeit zugießen. Falls die Zutaten frisch aus dem Kühlschrank kommen, kann es sein, dass die Masse gerinnt. Das ist aber nicht schlimm, anschließend alles in einem Topf auf dem Herd erhitzen, so erhält die Masse wieder eine cremige Konsistenz.

3. Zucchiniwürfel in heißem Olivenöl anbraten und mit Salz, Pfeffer und Knoblauchpulver würzen.

4. Die gekochten Tagliatelle in eine Servierform geben und mit der Thunfischsauce mischen. Zucchiniwürfel unterheben und Oliven darauf verteilen.

TAGLIATELLE
MIT ZUCCHINI, SPECK UND FISCHSTREIFEN

ZUTATEN für 6 Portionen

6 EL Ghee + Ghee zum Anbraten
6 gr. Schalotten, geschält und fein geschnitten
150 ml Sahne
½ TL Suppenwürze selbstgemacht, s. S. 78
1 mittelgroße Zucchini, in Streifen geschnitten
½ TL „Stimulate Mix“ (s. S. 77) oder
¼ TL Koriandersamen, gemörsert
¼ TL Kreuzkümmelsamen, gemörsert
1 Stk. Muskatblüte, gemörsert
¼ TL Kurkuma, gemahlen
Salz
schwarzer Pfeffer
1 Msp. Knoblauchpulver
1 Msp. Harissa oder Cayennepfeffer
5 Scheiben Hamburger Speck, 3 mm dick, in Streifen geschnitten
500 g Fischfilets, in daumendicke Streifen geschnitten
Koriandersamen, gemahlen
Nudelteig lt. Rezept (s. S. 88) in Tagliatelle geschnitten oder 600 g Tagliatelle, nach Packungsanleitung gekocht

Durch den Speck und die Sahne ist dieses Gericht sehr gehaltvoll – aber unwiderstehlich gut. Salz sparsam verwenden, da der Speck sehr würzig ist. Als Fisch eignen sich Zander, Saibling oder Lachsforelle.

DAUER 40 Min. **SCHWIERIGKEIT** mittel

1. 2 EL Ghee in einem Topf erhitzen, Schalotten goldgelb anrösten, Sahne und Suppenwürze beigeben. Einmal aufkochen und auf kleinster Stufe warm halten.

2. Zucchini in einer Pfanne in 2 EL Ghee anbraten, alle Gewürze beimengen und in eine Schüssel umfüllen.

3. In derselben Pfanne den Speck anbraten, anschließend in ein Sieb geben und das überschüssige Fett abgießen. Speck und Zucchini wieder in die Pfanne zurückgeben und warm halten.

4. 2 EL Ghee in einer beschichteten Pfanne erhitzen. Fischstücke salzen und auf der Fleischseite zusätzlich mit Koriander würzen. In heißem Ghee braten und ebenfalls warm halten.

5. Tagliatelle in reichlich Wasser bissfest kochen, 100 ml vom Kochwasser beiseitestellen, danach Pasta abseihen.

6. Pasta in eine Schüssel geben, die Sahne-Schalotten zufügen und gut durchmischen. Gegebenenfalls etwas Kochwasser zugießen.

7. Danach Speck und Zucchini untermischen und die Fischstücke auf der Pasta verteilen.

PILZLASAGNE

ZUTATEN für 4 Portionen

eckige Auflaufform 20x25 cm
Nudelteig lt. Rezept (s. S. 88) in passende Rechtecke geschnitten, oder Lasagneblätter, angepasst an die Auflaufform, für 4 Lagen

FÜLLE
8 EL Ghee + Ghee für die Form
6 Schalotten, geschält und fein geschnitten
50 g getrocknete Pilze, eingeweicht und klein geschnitten
500 g Ricotta
3 EL Petersilie, gehackt
500 g Kräuterseitlinge oder Steinpilze, in Scheiben geschnitten
Salz
schwarzer Pfeffer
1 Msp. Knoblauchpulver

BECHAMELSAUCE
30 g Butter
30 g Mehl
100 ml Sahne
¼ TL Suppenwürze selbstgemacht, s. S. 78
etwas Muskatnuss, gerieben
1 Msp. Knoblauchpulver
Salz
schwarzer Pfeffer

40 g kleine Butterwürfel
2 EL Parmesan, gerieben

DAUER 90 Min. + 40 Min. Backzeit
SCHWIERIGKEIT aufwendig

1. 2 EL Ghee in einer Pfanne erhitzen, Schalotten darin goldgelb anrösten und in eine große Schüssel geben.

2. In derselben Pfanne die getrockneten Pilze in 2 EL Ghee anbraten und zu den Schalotten geben. Etwas abkühlen lassen, Ricotta und Petersilie untermischen und mit Salz und Pfeffer abschmecken.

3. Frische Pilze nach und nach in 4 EL Ghee anbraten und mit Salz, Pfeffer und Knoblauchpulver würzen.

4. Für die Bechamelsauce Butter in einem Topf aufschäumen, Mehl einrühren und mit Sahne und 400 ml Wasser aufgießen. Unter ständigem Rühren mit dem Schneebesen aufkochen und 1 Min. kochen lassen. Mit Suppenwürze, Muskatnuss, Knoblauchpulver, Salz und Pfeffer würzen.

5. Eine passende Auflaufform mit Ghee ausstreichen und ein Nudelteigblatt einlegen.

6. Ein Viertel der Schalotten-Ricotta-Mischung darauf verteilen.

7. Ein Viertel der gebratenen Pilze daraufgeben, mit Bechamelsauce bestreichen, danach ein weiteres Nudelteigblatt auflegen. Mit diesen Arbeitsschritten fortfahren, mit Bechamelsauce und Schalotten-Ricotta-Mischung abschließen.

8. Die Lasagne zwischenzeitlich im Kühlschrank lagern oder sofort bei 170 °C 35–40 Min. backen. Vor dem Backen einige Butterflocken darauf verteilen und mit Parmesan bestreuen.

KRAUTFLECKERL

EINE ÖSTERREICHISCHE SPEZIALITÄT

ZUTATEN für 4 Portionen

Nudelteig lt. Rezept (s. S. 88)
oder 600 g gekaufte Fleckerl
3 EL Ghee
2 EL Rohrzucker
4 gr. Schalotten, geschält
und fein geschnitten
500 g Weißkraut (Weißkohl)
½ TL braune Senfsamen, ganz
¼ TL Schwarzkümmelsamen,
ganz
1 TL „Stimulate Mix" (s. S. 77)
oder
½ TL Kreuzkümmelsamen,
gemörsert
½ TL Fenchelsamen, gemörsert
1 Msp. Cayennepfeffer
1 Msp. Asafoetida
2 EL Weißweinessig
Salz
1 EL Petersilie, gehackt

Der Zucker in den Krautfleckerln ist kein Muss, mir schmecken sie so aber am besten. Krautfleckerl sind auch eine köstliche Beilage zu geschmortem Kalbstafelspitz (s. S. 175).

DAUER 20 Min. + 40 Min. Garzeit vom Kraut
SCHWIERIGKEIT einfach

1. Nudelteig wie beschrieben vorbereiten, dünn ausrollen und in Rechtecke schneiden (= Fleckerl), s. Foto.

2. Ghee in einem Topf erhitzen und den Zucker nicht zu dunkel karamellisieren.

3. Schalotten, Weißkraut/-kohl sowie alle Gewürze zugeben und gut durchrühren. Falls etwas Zucker am Kochlöffel kleben bleibt, ist das nicht weiter schlimm, dieser löst sich während des Kochvorgangs auf.

4. Essig hinzugeben und verdampfen lassen, danach 100 ml Wasser zugießen und Kraut (Kohl) 30–35 Min. köcheln lassen. Die Flüssigkeit kann fast völlig verkocht sein. Falls das Kraut (Kohl) noch nicht weich ist, etwas Wasser zugießen.

5. In der Zwischenzeit Fleckerl in reichlich kochendem Wasser weich kochen und dann abseihen.

6. Unter das Kraut (Kohl) mischen, mit Salz abschmecken. Zum Schluss gehackte Petersilie untermengen und servieren.

PAPPARDELLE

MIT HÜHNERFLEISCH UND BOHNEN

ZUTATEN für 6 Personen

Nudelteig lt. Rezept (s. S. 88) in Pappardelle geschnitten oder 600 g Pappardelle, nach Packungsanleitung gekocht
500 g ausgelöste Bio-Hühnerkeulen oder 500 g Bio-Hühnerbrust, ohne Haut, in 2 cm große Würfel geschnitten
4 gr. Schalotten, geschält, in feine Ringe geschnitten
2 EL „Barbecue-Mix", s. S. 75
2 TL Zitronensaft
1 TL Salz
4 EL Ghee
200 g Kidneybohnen, aus der Dose
120 g Sojabohnen, frisch oder tiefgekühlt
150 ml Sahne
1 TL Suppenwürze selbstgemacht, s. S. 78
10 marinierte Kirschtomaten, s. S. 81
Salz
1 EL Minze, gehackt

DAUER 45 Min. + 4 Std. zum Marinieren
SCHWIERIGKEIT mittel

1. Hühnerfleisch und Schalotten in eine Schüssel geben, Gewürzmischung, Zitronensaft und Salz dazugeben und gut vermengen. Mit Frischhaltefolie abdecken und einige Stunden oder über Nacht in den Kühlschrank stellen.

2. Ghee in einem großen, weiten Topf oder einer Pfanne erhitzen, Fleisch und Schalotten gut anbraten.

3. 150 ml Wasser zugießen, Hitze reduzieren und 20 Min. köcheln lassen.

4. Sojabohnen kurz in kochendem Wasser blanchieren und danach abseihen.

5. Kidneybohnen in ein Sieb gießen und mit kaltem Wasser abschwemmen.

6. Sahne und Suppenwürze zum Fleisch geben, einmal kräftig aufkochen, danach warm halten.

7. Pappardelle in reichlich Wasser bissfest kochen, danach abseihen und zum Fleisch geben. Gut vermengen, Bohnen und marinierte Kirschtomaten hinzufügen und mit Salz abschmecken.

8. Mit Minze bestreuen und servieren.

SCHLUTZKRAPFEN

MIT KÜRBIS UND PINIENKERNEN

ZUTATEN für 20 Stück

TEIG
200 g Dinkelmehl
200 g Roggenmehl
3 Eier
25 ml Wasser (evtl. mehr)
1 TL Olivenöl
1 Prise Salz

FÜLLE
500 g Hokkaido- oder Butternusskürbis, in 5 mm große Würfel geschnitten
1 TL „Orient Masala" oder ¼ TL Kreuzkümmelsamen, gemörsert
¼ TL Koriandersamen, gemörsert
¼ TL Fenchelsamen, gemörsert
2 Pimentkörner, gemörsert
Samen einer grünen Kardamomkapsel, gemörsert
3 EL Ghee
5 gr. Schalotten, geschält und fein geschnitten
250 g Magerquark
150 g Kartoffeln, gekocht, geschält und passiert
2 EL Petersilie, gehackt
Salz

2 EL Pinienkerne
1 TL braune Senfsamen, ganz
150 ml Sahne

DAUER 90 Min. **SCHWIERIGKEIT** aufwendig

1. Für den Teig alle Zutaten in der Küchenmaschine verkneten. Es soll ein geschmeidiger, formbarer Teig werden. Danach in Frischhaltefolie einwickeln und für 30 Min. in den Kühlschrank legen.

2. Backofen auf 200 °C vorheizen.

3. Kürbiswürfel mit den Gewürzen vermischen, auf einem kleinen mit Backpapier ausgelegten Blech verteilen und 15 Min. im Ofen garen. Danach auskühlen lassen und beiseitestellen.

4. Für die Fülle 2 EL Ghee erhitzen und Schalotten goldgelb anrösten. Dann in einer Schüssel die Hälfte der Kürbiswürfel, Quark, Schalotten, Kartoffeln sowie 1 EL Petersilie vermengen und mit Salz abschmecken.

5. Teig mittels Nudelmaschine dünn ausrollen und Kreise mit einem Durchmesser von etwa 6 cm ausstechen. Auf die Kreise jeweils 1 TL der Fülle setzen, danach zusammenklappen. Ränder mit einer Gabel gut zusammendrücken oder krendeln.

6. In einer Pfanne Pinienkerne ohne Fett rösten und vorerst auf einen kleinen Teller geben.

7. In einer großen Pfanne 1 EL Ghee erhitzen und die Senfsamen kurz anrösten. Restliche Kürbiswürfel hinzugeben, gut vermengen und mit Sahne aufgießen.

→

8. Schlutzkrapfen in leicht gesalzenem Wasser ca. 5 Min. kochen. Mit einem Schaumlöffel aus dem Wasser nehmen und in die Pfanne zu den Kürbiswürfeln geben. Etwa 150 ml Kochwasser hinzufügen und alles noch einmal aufkochen lassen. Mit Pinienkernen und 1 EL Petersilie bestreuen.

TIPP: Die Schlutzkrapfen lassen sich auch gut auf Vorrat herstellen – einfach blanchieren, danach in kaltem Wasser abschrecken, flach auflegen und einfrieren. Die Fülle lässt sich individuell abwandeln, sei es mit Blattspinat, Kohl oder Wurzelgemüse.

TIPP: Sie können die Schlutzkrapfen auch professionell verschließen – mit einem gekrendelten Rand. Anleitungen finden Sie auf Youtube.

FISCH UND FLEISCH

Lachsforelle mit Kreuzkümmel und Koriander

Zanderfilet mit gebratenem Spargel und Zitronenlinsen

Frikadellen mit Sojabohnen, Schalotten und Tomaten

Gebratenes Huhn mit Wurzelgemüse und Pflaumen

Rinderfilet mit Wacholder, Lorbeer und Cognac

Geschmorter Kalbstafelspitz

Rehrücken mit Polenta und Birnen-Kohl

LACHSFORELLE
MIT KREUZKÜMMEL UND KORIANDER

ZUTATEN für 4 Portionen

200 ml Weißwein
4 Lorbeerblätter
1 Msp. Knoblauchpulver
4 Lachsforellenfilets,
mit Haut à 160 g

2 EL Olivenöl
4 Thymianzweige
Salz

1 TL Koriandersamen,
gemörsert
¾ TL Kreuzkümmelsamen,
gemörsert

TIPP: Als köstliche Beilage eignet sich gebratener Chicorée (s. S. 125).

Dieses Gericht ist sehr schnell fertig. Sie können auch Lachs- oder Zanderfilets verwenden. Eventuell 2–3 Min. länger braten, wenn die Filets dicker sind.

DAUER 40 Min. **SCHWIERIGKEIT** einfach

1. Wein, Lorbeerblätter und Knoblauchpulver in ein Gefäß geben, in dem die Lachsforellenfilets nebeneinander Platz haben. Filets mit der Hautseite nach oben einlegen und 30 Min. ziehen lassen.

2. In der Zwischenzeit den Backofen auf 250 °C vorheizen und eine große feuerfeste Form oder ein Blech darin aufheizen. Filets auf einen Teller geben, mit Küchenpapier abtupfen und die Fleischseite salzen.

3. Die Form (oder das Backblech) aus dem Ofen nehmen, Olivenöl und Thymianzweige hineingeben (Vorsicht, es spritzt!) und die Filets mit der Hautseite nach unten einlegen. Mit Koriander und Kreuzkümmel bestreuen und für 5 Min. auf der obersten Schiene garen.

ZANDERFILET

MIT GEBRATENEM SPARGEL UND ZITRONENLINSEN

ZUTATEN für 4 Portionen

150 g Belugalinsen
6 EL Zitronensaft
3 EL Olivenöl
Salz
schwarzer Pfeffer
¾ TL mildes Currypulver, s. S. 74
6 Kirschtomaten, geviertelt, entkernt

2 EL Ghee
4 Zanderfilets, mit Haut à 160 g
Salz
Koriandersamen, gemörsert oder aus der Mühle

1 EL Petersilie, gehackt

Gebratener Spargel, s. S. 133

DAUER 60 Min. **SCHWIERIGKEIT** mittel

1. Linsen in reichlich Wasser 30–40 Min. weich kochen. Anschließend abseihen und in einer ofenfesten Form noch warm mit Zitronensaft, Olivenöl, Salz, Pfeffer und mildem Currypulver würzen. Danach die Kirschtomaten untermengen – bei 80 °C im Backofen warm halten.

2. Ghee in einer beschichteten Pfanne erhitzen. Hautseite der Zanderfilets mit Salz, die Fleischseite mit Salz und Koriander würzen, dann mit der Hautseite nach unten in die Pfanne einlegen. Bei mittlerer Hitze 5 Min. braten, danach umdrehen und auf der Fleischseite 2 Min. weiterbraten.

3. Inzwischen gehackte Petersilie unter die Linsen mischen.

4. Fisch aus der Pfanne nehmen und mit den Linsen und dem gebratenen Spargel anrichten.

TIPP: Koriandersamen können Sie in eine Pfeffermühle füllen, so haben sie ihn immer schnell parat.

FRIKADELLEN

MIT SOJABOHNEN, SCHALOTTEN UND TOMATEN

ZUTATEN für 8 Frikadellen (Faschierte Laibchen)

100 g Weißbrot, in 5 mm große Würfel geschnitten
100 ml warme Milch
1 gr. Zwiebel, geschält und in feine Würfel geschnitten
1 Knoblauchzehe, geschält und fein geschnitten
1 EL Ghee
600 g Hackfleisch, Rind oder gemischt (Kalb und Rind)
2 EL Petersilie, fein gehackt
1 TL Senf
1 EL Majoran, getrocknet
¼ TL Paprikapulver
¾ TL Salz
schwarzer Pfeffer
1 Msp. Cayennepfeffer

Ghee zum Braten

2 EL Ghee
150 g Schalotten, geschält und in Ringe geschnitten
1 TL „Stimulate Mix", s. S. 77
10 gr. Kirschtomaten, halbiert, entkernt
2 TL Zitronensaft
Salz
schwarzer Pfeffer
200 g Sojabohnen, frisch oder tiefgekühlt

DAUER 60 Min. **SCHWIERIGKEIT** einfach

1. Weißbrot in warmer Milch ca. 20 Min. einweichen. Zwiebel und Knoblauch in Ghee 7 Min. leicht anbraten. Hackfleisch in eine Schüssel geben und mit den Gewürzen und dem eingeweichten Brot gut vermischen.

2. Aus der Masse 8 Laibchen formen. In einer Pfanne Ghee erhitzen und die Laibchen 10 Min. braten, danach auf ein Backblech setzen.

3. Backofen auf 100 °C aufheizen und die Frikadellen (Faschierte Laibchen) im Ofen warm halten.

4. In der Pfanne, in der die Frikadellen gebraten wurden, 2 EL Ghee erhitzen und Schalotten 5 Min. leicht anbraten. Gewürze zugeben, 30 Sek. leicht rösten, dann Kirschtomaten und Zitronensaft hinzufügen und weitere 5 Min. leicht köcheln lassen. Mit Salz und Pfeffer abschmecken.

5. Sojabohnen in kochendem Wasser kurz blanchieren und danach abseihen.

6. Frikadellen wieder in die Pfanne hinzugeben, Sauce einmal aufkochen lassen, Sojabohnen darüberstreuen und servieren.

TIPP: Anstelle von Sojabohnen können Sie auch frische Dicke Bohnen oder Erbsen verwenden. Am besten mit Kartoffelstampf (s. S. 120) oder Reis servieren.

GEBRATENES HUHN

MIT WURZELGEMÜSE UND PFLAUMEN

ZUTATEN für 4 Portionen

MARINADE FÜR DAS HUHN
2 TL Koriandersamen, gemörsert
½ Sternanis, gemörsert
½ TL Bockshornkleesamen, gemörsert
1 TL Paprikapulver
¼ TL Knoblauchpulver
1 TL Salz
2 TL Agavendicksaft
5 EL flüssiges Ghee oder Olivenöl
schwarzer Pfeffer

1 gr. Bio-Huhn, zerteilt, ca. 1,2 kg

500 g gemischtes Wurzelgemüse, grob geschnitten
5 Schalotten, ganz oder halbiert
½ TL Salz
1 Msp. Knoblauchpulver
½ TL mildes Currypulver, s. S. 74
frische Thymianzweige

8 Pflaumen, halbiert oder geviertelt, entkernt

DAUER 60 Min. + Zeit zum Marinieren
SCHWIERIGKEIT einfach

1. Gewürze in eine Schüssel geben und mit den restlichen Zutaten zu einer Marinade verrühren, dann mit den Hühnerteilen gut vermischen. Mit Frischhaltefolie abdecken und im Kühlschrank einige Stunden oder über Nacht ziehen lassen.

2. Wurzelgemüse und Schalotten mit Salz, Knoblauchpulver und Currypulver vermengen.

3. Backofen auf 200 °C vorheizen. Marinierte Hühnerteile in einen Bräter legen, dazwischen Wurzelgemüse, Schalotten und Thymian verteilen. 150 ml Wasser zugießen und 40 Min. im Ofen garen. Danach die Pflaumen darauf verteilen und weitere 5–10 Min. garen.

TIPP: Wunderbar schmecken dazu auch Äpfel oder Aprikosen. Statt Pflaumen können Sie auch einfach das Dörrpflaumen-Tamarinden-Chutney (s. S. 188) separat dazu genießen.

RINDERFILET

MIT WACHOLDER, LORBEER UND COGNAC

ZUTATEN für 4 Personen

800 g Rinderfilet, pariert
Salz
schwarzer Pfeffer
6 EL Ghee
4 EL Rohrohrzucker
15 Wacholderbeeren,
im Mörser grob zerstoßen
10 Lorbeerblätter
150 ml Cognac

Ich empfehle Ihnen, die Zubereitung vorab genau durchzulesen und alle Zutaten vorzubereiten. Die Pfanne wird sehr heiß, daher karamellisiert der Zucker sehr schnell. Falls die Gewürze und der Cognac nicht griffbereit stehen, verbrennt alles. Zum Feststellen, ob das Fleisch rosa ist, leistet ein Fleischthermometer hervorragende Dienste. Das Gute, wenn Gäste kommen: Sie können das Fleisch auch länger im Ofen bei 70 °C warm halten.

DAUER 60 Min. **SCHWIERIGKEIT** aufwendig

1. Backofen auf 140 °C vorheizen.

2. Eine unbeschichtete Pfanne stark erhitzen. Fleisch salzen, pfeffern und in Ghee von allen Seiten scharf anbraten. Dann aus der Pfanne nehmen und beiseitestellen. Überschüssiges Ghee abgießen und die Pfanne wieder auf den Herd stellen. Zucker einstreuen und karamellisieren lassen.

3. Wacholderbeeren und Lorbeerblätter zugeben, mit Cognac ablöschen, Fleisch darin einige Male durchschwenken. Danach das Fleisch in einen kleinen Bräter legen und 30 Min. in den Backofen stellen, dabei öfters wenden.

4. 200 ml Wasser in dieselbe Pfanne geben, in der das Fleisch gebraten wurde, einmal aufkochen lassen, dann in einen kleinen Stieltopf umfüllen.

5. Sobald das Fleisch eine Kerntemperatur von 52 °C erreicht hat, aus dem Ofen nehmen, 2 Min. ruhen lassen, danach in Alufolie wickeln und 20 Min. im ausgeschalteten Backofen bei offener Backofentür ruhen lassen.

6. Den Saft, der sich im Bräter gebildet hat, in den Stieltopf umfüllen und einige Minuten köcheln.

7. Anschließend nach Wunsch geschnitten oder im Ganzen anrichten.

GESCHMORTER KALBSTAFELSPITZ

ZUTATEN für 4 Portionen

1 Kalbstafelspitz, pariert
Salz
schwarzer Pfeffer
6 EL Ghee
2 gr. Karotten, geschält und in 1 cm große Stücke geschnitten
100 g Knollensellerie, geschält und in 1 cm große Stücke geschnitten
1 gr. Zwiebel, geschält und grob geschnitten
100 g Lauch, in 1 cm große Stücke geschnitten
5 frische Thymianzweige
1 TL Tomatenmark
150 ml Rotwein
2 Lorbeerblätter
10 Pfefferkörner
4 Wacholderbeeren

TIPP: Als Beilagen bieten sich Kartoffelnocken mit Pilzen (s. S. 123) oder geschmorter Sellerie (s. S. 134) mit Kartoffelstampf (s. S. 120) und Ofenkarotten (s. S. 135) an.

DAUER 35 Min. + Garzeit Tafelspitz
SCHWIERIGKEIT mittel

1. Backofen auf 170 °C vorheizen.

2. Fleisch mit Salz und Pfeffer würzen, in 3 EL Ghee von allen Seiten kräftig anbraten, danach aus der Pfanne nehmen.

3. In einem mittelgroßen Topf Gemüse und Thymian in 3 EL Ghee 15 Min. anbraten, Tomatenmark dazugeben und 3 Min. mitrösten. Mit Rotwein ablöschen, etwas einreduzieren, mit 1½ l Wasser aufgießen und aufkochen lassen.

4. Gewürze in ein kleines Baumwolltuch (ersatzweise Teefilter) füllen, fest zusammenbinden und in den Topf geben.

5. Fleisch in den Topf hinzugeben und 1,5–2 Std. im Backofen schmoren.

6. Danach mit einer Fleischgabel anstechen und prüfen, ob das Fleisch bereits weich ist – wenn ja, aus dem Topf nehmen und warm stellen.

7. Gewürzsäckchen entfernen, Sauce gut pürieren, ggf. durch ein Sieb passieren und abschmecken.

8. Fleisch quer zur Faser in 5 mm dicke Scheiben schneiden und mit Sauce servieren.

REHRÜCKEN
MIT POLENTA UND BIRNEN-KOHL

ZUTATEN für 4 Portionen

REHRÜCKEN
600 g Rehrücken, pariert
Salz
schwarzer Pfeffer
2 EL Ghee
2 EL Preiselbeerkompott,
aus dem Glas
100 ml Rotwein

POLENTA und **BIRNEN-KOHL**
siehe nächste Seite.

DAUER 90 Min. **SCHWIERIGKEIT** aufwendig

1. Backofen auf 150 °C vorheizen.

2. Rehrücken mit Salz und Pfeffer würzen und in einer Pfanne in heißem Ghee von allen Seiten scharf anbraten. Aus der Pfanne nehmen und auf ein kleines Blech legen.

3. Überschüssiges Ghee abgießen und die Preiselbeeren in die Pfanne geben. Erhitzen und mit Rotwein ablöschen, einreduzieren lassen und danach 100 ml Wasser zugießen. Einige Minuten köcheln lassen, dann beiseitestellen.

4. Rehrücken 12–15 Min. im Backofen garen, aus dem Ofen nehmen, 1 Min. stehen lassen und im ausgeschalteten und geöffneten Backofen 10 Min. ruhen lassen.

5. Das Fleisch quer zur Faser in 5 mm dicke Scheiben schneiden und anrichten.

Die folgenden Beilagen passen auch wunderbar zu einer geschmorten Rehkeule oder einem Rehragout, welches Sie genauso zubereiten können wie Kalbstafelspitz (s. S. 175).

POLENTA
100 ml Sahne
1 EL Ghee
etwas Muskatnuss, gerieben
Salz
schwarzer Pfeffer
80 g Maisgrieß
1 TL Petersilie, gehackt

TIPP: Mit Gemüse und Salat serviert, haben Sie eine schnelle Mahlzeit. Oder ein Stück Zucchini auf die Polenta legen, mit Käse bestreuen und im Ofen überbacken.

1. Backofen auf 160 °C vorheizen.

2. 300 ml Wasser, Sahne, Ghee und Gewürze in einem ofenfesten Topf aufkochen, danach Maisgrieß mit einem Schneebesen einrühren. Einige Minuten rühren, dann abdecken und für 25 Min. in den Backofen stellen.

3. Petersilie einrühren und abschmecken.

4. Die Polenta kann entweder cremig oder in Scheiben geschnitten serviert werden. Dafür die Masse in Frischhaltefolie einrollen und für einige Stunden in den Kühlschrank stellen. Anschließend die Folie entfernen, die Polenta in Scheiben schneiden und in einer beschichteten Pfanne in Ghee anbraten.

BIRNEN-KOHL
1 EL Ghee
1 TL „Orient Masala“ oder
¼ TL Kreuzkümmelsamen, gemörsert
¼ TL Koriandersamen, gemörsert
¼ TL Fenchelsamen, gemörsert
1 Gewürznelke, gemörsert
1 Prise Zimt, gemahlen
400 g Weiß- oder **Rotkohl,** in 1 cm große Rauten geschnitten
2 Birnen, geviertelt, entkernt, in Scheiben geschnitten
Salz
schwarzer Pfeffer

1. Ghee in einem Topf erhitzen und Gewürze leicht anrösten.

2. Kohl beigeben, gut durchrühren, salzen und pfeffern und bei mittlerer Hitze einige Minuten braten. 3 EL Wasser hinzufügen und einige Minuten köcheln.

3. Danach Birnenscheiben zugeben und einige Minuten weiterköcheln lassen.

4. Nochmals abschmecken und servieren.

TIPP: Anstatt Birnen eignen sich auch Äpfel für diese Beilage. Mit Quitten schmeckt es sehr köstlich, allerdings müssen Sie die Quitten in einem Topf separat zubereiten – ein Rezept dazu finden Sie auf Seite 202.

CHUTNEYS, AUFSTRICHE UND DIPS

PFIRSICHCHUTNEY MIT PIMENT

ZUTATEN für 3 kleine Gläser

1 TL Ghee
8 Pimentkörner, fein gemörsert
600 g reife Pfirsiche,
Haut abgezogen, entkernt und in
5 mm große Würfel geschnitten
1 EL Rohrohrzucker
Abrieb von ½ Bio-Zitrone
1 EL Zitronensaft
1 kl. frische Chilischote,
entkernt, fein geschnitten
1 Prise Salz

DAUER 40 Min. **SCHWIERIGKEIT** einfach

1. Ghee in einem mittleren Topf erhitzen und gemörserte Pimentkörner kurz anbraten. Restliche Zutaten hinzufügen und gut umrühren.

2. 150 ml Wasser zugießen und alles etwa 25 Min. köcheln lassen.

3. Heißes Chutney in saubere Gläser mit Schraubverschluss füllen und sofort verschließen.

APRIKOSENCHUTNEY

ZUTATEN für 3 kleine Gläser

1 EL Ghee
100 g Schalotten, geschält
und fein geschnitten
1 TL „Tasty Chutney" oder
½ TL Koriandersamen, gemörsert
Samen von 2 grünen Kardamomkapseln, gemörsert
1 Gewürznelke, gemörsert
1 Scheibe frischer Ingwer
500 g Aprikosen, entkernt,
in 5 mm große Würfel geschnitten
2 EL Rohrohrzucker
1 EL Zitronensaft
1 kl. frische Chilischote,
entkernt, fein geschnitten
1 Prise Salz

DAUER 40 Min. **SCHWIERIGKEIT** einfach

1. Ghee in einem mittleren Topf erhitzen und Schalotten leicht anbraten.

2 Danach gemörserte Gewürze sowie Ingwer zugeben und kurz anrösten.

3. Restliche Zutaten hinzufügen und gut umrühren.

4. 100 ml Wasser zugießen und alles etwa 25 Min. köcheln lassen.

5. Heißes Chutney in saubere Gläser mit Schraubverschluss füllen und sofort verschließen. So bleibt es bis zu einem Jahr haltbar.

Weingartenpfirsiche haben ein unvergleichbares Aroma – sollten Sie die Gelegenheit haben, welche zu bekommen, greifen Sie zu. Da sie eine dickere Schale haben, würde ich sie auf alle Fälle schälen, bei anderen Pfirsichen ist das kein Muss.

TIPP: Im Kühlschrank aufbewahrt hält sich das Pesto mehrere Monate. Immer mit einem sauberen Löffel entnehmen, den Rand mit Küchenpapier reinigen und wieder mit etwas Olivenöl bedecken. Wenn die Zeit zum Kochen knapp ist, einfach Pasta kochen und Pesto unterrühren. Ein Löffel davon verleiht auch dem Blumenkohlsalat (s. S. 112) und dem Kürbissalat (s. S. 116) eine besondere Note.

APFELCHUTNEY

ZUTATEN für 3 kleine Gläser

DAUER 40 Min. **SCHWIERIGKEIT** einfach

1 EL Ghee
1 mittelgroße Zwiebel, fein geschnitten
1 kl. frische Chilischote, entkernt, fein geschnitten
1 TL „Garam Masala" (s. S. 75) oder
¼ TL Fenchelsamen, gemörsert
¼ TL Bockshornkleesamen, gemörsert
2 Gewürznelken, gemörsert
3 Pimentkörner, gemörsert
2 Msp. Zimt, gemahlen
3 gr. Äpfel, geschält, entkernt, in 5 mm große Würfel geschnitten
1 EL Rohrohrzucker
1 Prise Salz
1 cm frischer Ingwer, geschält und fein gerieben (optional)
120 ml Apfelsaft oder Wasser
evtl. 1 TL Zitronensaft

1. Ghee erhitzen, Zwiebel und Chili einige Minuten anrösten. Gewürze zugeben und kurz mitrösten. Als Nächstes Äpfel, Zucker, Salz und Ingwer hinzufügen, gut durchrühren und Apfelsaft oder Wasser (evtl. Zitronensaft) zugießen.

2. Leicht köcheln lassen, bis fast die gesamte Flüssigkeit verkocht ist. Abschmecken nicht vergessen.

3. Heißes Chutney in saubere Gläser mit Schraubverschluss füllen und sofort verschließen.

TIPP: Um eine gewisse Süße zu erhalten, können Sie auch Rosinen ins Chutney geben, für eine säuerliche Note Berberitzen. Ich verwende Apfelsorten, die beim Kochen nicht so leicht zerfallen, wie z.B. Granny Smith oder Braeburn.

ROTES PESTO MIT WALNÜSSEN

ZUTATEN für 1 großes Glas

DAUER 20 Min. **SCHWIERIGKEIT** einfach

250 ml Olivenöl + Olivenöl zum Bedecken
20 Stk. getrocknete Tomaten
10 schwarze Oliven, entkernt
1 Handvoll frische Basilikumblätter
100 g Walnusskerne

1. Die Hälfte des Olivenöls mit den anderen Zutaten in eine Schüssel geben. Mixen und das restliche Olivenöl nach und nach zugießen.

2. Fertiges Pesto in saubere Gläser mit Schraubverschluss füllen und mit etwas Olivenöl bedecken.

LINSENAUFSTRICH MIT ZUCCHINI

ZUTATEN für 4 Portionen

1 Schalotte, geschält, in Ringe geschnitten
2 EL Ghee
½ TL scharfes Currypulver (s. S. 74) oder
¼ TL Kreuzkümmelsamen, gemörsert
¼ TL Bockshornkleesamen, gemörsert
1 Msp. Kurkuma, gemahlen
1 Msp. Harissa oder Cayennepfeffer
1 Msp. Asafoetida
120 g rote Linsen
6 EL Olivenöl
100 g Zucchini, fein geraspelt
5 Stk. getrocknete Tomaten, in feine Würfel geschnitten
5 Oliven, entsteint, fein geschnitten, optional
8 Kapern, fein geschnitten, optional
Salz
schwarzer Pfeffer
1 TL Zitronensaft

DAUER 40 Min. **SCHWIERIGKEIT** einfach

1. Schalottenringe in Ghee anrösten, Gewürze beigeben und kurz mitrösten. Linsen hinzufügen und mit ca. der dreifachen Menge Wasser aufgießen. Kochen lassen, bis die Linsen zerfallen und die Flüssigkeit aufgesogen ist. Abkühlen lassen.

2. Olivenöl und 100 ml Wasser zugeben und mit dem Pürierstab oder in der Küchenmaschine mixen. Eventuell noch Wasser zugeben, bis der Aufstrich eine cremige Konsistenz hat. Dann restliche Zutaten untermischen und abschmecken.

TIPP: Statt getrockneter Tomaten können Sie auch 3 TL rotes Pesto in den Aufstrich einrühren (s. S. 185). Sehr gut schmeckt der Aufstrich auch mit Fladenbrot (s. S. 85).

TIPP: Falls Sie Hummus klassisch bevorzugen, nehmen Sie anstatt der Kürbiskerne 100 g Tahin (Sesampaste) und statt Kürbiskernöl einfach Walnuss- oder Olivenöl. Ganz nach Ihrem Geschmack mixen Sie Hummus ganz fein oder etwas gröber.

HUMMUS MIT KÜRBISKERNÖL

ZUTATEN für 4 Portionen

150 g getrocknete Kichererbsen, vorab 12 Std. in kaltem Wasser eingeweicht, oder bereits gegart
80 g Kürbiskerne
6 EL Kürbiskernöl
Salz
schwarzer Pfeffer
1 Msp. Cayennepfeffer
1 TL Zitronensaft
50 ml eiskaltes Wasser

DAUER 30 Min. + 1 Std. Garzeit
SCHWIERIGKEIT einfach

1. Kichererbsen abgießen und in einem Topf mit reichlich Wasser etwa 1 Std. kochen lassen. Danach abseihen und beiseitestellen.

2. Kürbiskerne ohne Fett in einer Pfanne rösten, bis sie leicht aufplatzen. Zum Auskühlen in ein Gefäß umfüllen, danach fein hacken.

3. Gekochte Kichererbsen mit allen Zutaten, außer den Kürbiskernen, in der Küchenmaschine pürieren.

4. Einige Kürbiskerne zum Bestreuen zur Seite geben, die restlichen unterrühren.

DÖRRPFLAUMEN-TAMARINDEN-CHUTNEY

ZUTATEN für 3 kleine Gläser

1 EL Ghee
100 g Schalotten,
fein geschnitten
½ TL „Tasty Chutney" +
½ TL „Sweet Krishna"
oder
½ TL Koriandersamen, gemörsert
2 Gewürznelken, gemörsert
5 Pimentkörner, gemörsert
2 Kardamomkapseln,
nur die Samen gemörsert
¼ TL frischer Ingwer, fein gerieben
200 g Dörrpflaumen,
in 5 mm große Würfel geschnitten
3 EL Tamarindenpaste
1 kl. frische Chilischote,
entkernt, fein geschnitten
1 EL Rohrohrzucker
1 Prise Salz

DAUER 30 Min. **SCHWIERIGKEIT** einfach

1. Ghee in einem mittleren Topf erhitzen, Schalotten 5 Min. leicht anbraten, danach Gewürze zugeben und 30 Sek. rösten. Restliche Zutaten hinzufügen, gut durchrühren und mit Wasser aufgießen – die Masse sollte zur Hälfte bedeckt sein.

2. Langsam köcheln lassen, bis fast die gesamte Flüssigkeit verkocht ist.

3. Heißes Chutney in saubere Gläser mit Schraubverschluss füllen und sofort verschließen. Im Kühlschrank ist es mehrere Wochen haltbar.

TIPP: Die Säure der Tamarinde gleicht die Süße der Dörrpflaumen aus. Das Chutney passt gut zu gebratenem Gemüse oder zu Pappardelle (s. S. 158).

PAPRIKA-FETA-DIP

ZUTATEN für 6 Portionen

1 gr. rote Paprika, Stielansatz, Kerne und Scheidewände entfernt, in große Stücke geschnitten
1 kl. frische Chilischote, entkernt
1 Prise Salz
1 TL mildes Currypulver, s. S. 74
1 TL Zucker
150 g Feta-Käse, in ½ cm große Würfel geschnitten

DAUER 40 Min. **SCHWIERIGKEIT** einfach

1. Alle Zutaten (außer Feta) in einen kleinen Topf geben und zur Hälfte mit Wasser bedecken.

2. Kochen lassen, bis alles weich und die Flüssigkeit fast vollständig verkocht ist.

3. Mit einem Stabmixer pürieren, die Hälfte vom Feta zugeben und wieder mixen.

4. Restlichen Feta mit einem Kochlöffel unterrühren.

TIPP: Der Dip passt perfekt zu Gegrilltem und zu gebratenen vegetarischen Laibchen wie zum Beispiel zu Reisbratlingen (s. S. 133) und Linsen-Couscous-Puffern (s. S. 144). Zum Kochen vorab wirklich nur 1 Prise Salz verwenden, da Feta in Salzlake eingelegt ist – ansonsten kann der Dip zu salzig werden.

DESSERTS

Apfel-Pfirsich-Crumble
mit Gewürzen

Schokoladen-Kirsch-Strudel
mit Quarkcreme

Buttermilchschmarren
mit Aprikosen

Ingwer-Schokoladen-Kekse

Holunderkompott mit Polsterzipf

Gewürzkaffeemousse
mit Quittenragout

Kürbiskernparfait
mit Kardamombeeren

APFEL-PFIRSICH-CRUMBLE

MIT GEWÜRZEN

ZUTATEN für 4 Portionen

STREUSEL
80 g Mehl
30 g Zucker
70 g Butter
1 Prise Salz
1 Prise Vanillezucker
¼ TL Zitronenabrieb

300 g Äpfel,
Kerngehäuse entfernt,
in 2 cm große Stücke geschnitten
300 g Pfirsiche, entkernt,
in 2 cm große Stücke geschnitten
4 EL Mascarpone
½ TL „Sweet Krishna" oder
¼ TL Zimt, gemahlen
Samen einer Kardamomkapsel,
gemörsert
2 Pimentkörner, gemörsert
2 EL Haferflocken für die Form

Ein wunderbares und schnell zubereitetes Dessert. Sie können den Crumble auch vorbereiten und erst später backen. Vielleicht eine Kugel Eis dazu.

DAUER 60 Min. **SCHWIERIGKEIT** einfach

1. Backofen auf 180 °C vorheizen.

2. Zutaten für die Streusel mit den Händen zu einer krümeligen Masse vermengen und beiseitestellen.

3. Obst in eine Schüssel geben und mit Mascarpone sowie Gewürzen vermischen.

4. Eine Backform mit Butter ausstreichen und mit Haferflocken ausstreuen.

5. Obst in die Form geben und Streusel darauf verteilen.

6. Bei 180 °C ca. 40 Min. backen.

TIPP: Mit Rhabarber, Birnen, Aprikosen, Kirschen oder Beeren schmeckt er ebenfalls köstlich – egal ob sortenrein oder gemischt.

SCHOKOLADEN-KIRSCH-STRUDEL
MIT QUARKCREME

ZUTATEN für 4 Portionen

STRUDEL
30 g Mandeln, gerieben
70 g Bitterschokolade, gerieben
10 g Mehl
10 g Maisstärke
100 g Butter, weich + Butter zum Bestreichen
70 g Puderzucker
1 Prise Salz
2 Eier
1 Blatt Strudelteig
15 gr. Kirschen, entkernt

QUARKCREME
100 g Quark
100 g Sahne
1 TL Puderzucker
2 Msp. Zimt
1 Msp. Kardamom, gemahlen

DAUER 60 Min. **SCHWIERIGKEIT** mittel

1. Backofen auf 180 °C vorheizen und ein Backblech mit Backpapier vorbereiten.

2. Mandeln, Schokolade, Mehl und Maisstärke in einer Schüssel vermengen.

3. Butter, Puderzucker und Salz schaumig aufschlagen. Eier abwechselnd mit dem Mandel-Mehl-Schokoladen-Gemisch hinzugeben.

4. Strudelteig auf ein Küchentuch legen und die Masse im vorderen Drittel aufstreichen. Kirschen darauf verteilen und den Teig zu einem Strudel einrollen. Auf das Backblech geben und mit etwas flüssiger Butter bestreichen.

5. 40 Min. backen, danach etwas auskühlen lassen und aufschneiden.

6. Für die Quarkcreme alle Zutaten mit einem Schneebesen oder dem Handmixer aufschlagen.

TIPP: Dieses Rezept können Sie sehr gut abwandeln: Schokolade weglassen und stattdessen mehr Mandeln (oder Haselnüsse) verwenden, bzw. Pflaumen oder Heidelbeeren anstelle von Kirschen.

BUTTERMILCHSCHMARREN
MIT APRIKOSEN

ZUTATEN für 4 Portionen

½ l Buttermilch
4 Eigelb
4 EL Maisstärke
1 EL Mehl
¼ TL Zitronenabrieb
1 Msp. Vanillemark oder
¼ TL Vanillezucker
4 Eiweiß
1 TL Zucker
1 Prise Salz
Butter zum Ausfetten der Form

½ TL Ghee
2 Msp. frischer Ingwer, gerieben
1 Gewürznelke, gemörsert
3 Pimentkörner, gemörsert
4 grüne Kardamomkapseln, ganz
400 g Aprikosen, entkernt und geviertelt

Puderzucker zum Bestreuen

TIPP: Locker – luftig – leicht beschreibt diesen Schmarren wohl am besten. Mit Quark oder saurer Sahne wird er ebenfalls köstlich, dann jedoch die Menge an Maisstärke halbieren. Ein Beerenragout oder anderes gedünstetes Obst passen ebenfalls wunderbar dazu.

DAUER 40 Min. **SCHWIERIGKEIT** einfach

1. Eine runde ofenfeste Form (28 cm ø) mit Butter einfetten und den Backofen auf 180 °C vorheizen.

2. In einer Schüssel Buttermilch, Eigelb, Maisstärke, Mehl, Zitronenabrieb und Vanille mit einem Schneebesen verrühren.

3. Eiweiß mit Zucker und Salz in der Küchenmaschine oder mit einem Handmixer zu Schnee schlagen und vorsichtig unter die Buttermilchmasse heben. In die Form füllen und 20 Min. backen.

4. Ghee in einer Pfanne erhitzen, Ingwer und Gewürze kurz anrösten.

5. Aprikosen dazugeben, gut durchrühren, danach 50 ml Wasser zugießen. Einmal aufkochen lassen, dann die Pfanne zur Seite ziehen.

6. Schmarren aus dem Ofen nehmen und mit einem Löffel Stücke abstechen. Mit Puderzucker bestreuen und mit Aprikosen servieren.

INGWER-SCHOKOLADEN-KEKSE

ZUTATEN für 30 Kekse

170 g Mehl
¼ TL Weinsteinbackpulver
150 g Schokolade, gehackt
130 g Walnüsse, grob gehackt
180 g Butter
50 g Rohrohrzucker
¾ TL Ingwer, fein gerieben
1 Prise Salz
1 Ei, verquirlt

TIPP: Die Teigrolle lässt sich problemlos einfrieren. Bei Bedarf 30 Min. antauen lassen, danach in Scheiben schneiden und ab in den Ofen. So sind schnell ein paar Kekse gebacken.
Für Kürbiskern-Kekse 100 g der Walnüsse durch geriebene Kürbiskerne ersetzen, Schokolade und Ingwer weglassen und der Masse 2 TL Kürbiskernöl beigeben.

DAUER 30 Min. **SCHWIERIGKEIT** einfach

1. Mehl und Weinsteinbackpulver in eine Schüssel sieben. Schokolade und Nüsse dazugeben und gut vermischen.

2. Butter mit Rohrohrzucker, Ingwer und Salz leicht schaumig schlagen, nach und nach das Ei zugeben.

3. Mehlmischung nach und nach unterrühren.

4. Den Teig zu einer Rolle formen, in Frischhaltefolie einwickeln, 2 Std. kühl stellen.

5. Danach aus der Folie nehmen, in Scheiben schneiden und diese bei 180 °C ca. 12 Min. backen.

HOLUNDERKOMPOTT

MIT POLSTERZIPF

ZUTATEN für 4 Portionen

POLSTERZIPF
250 g Mehl
1 Ei
45 g flüssige Butter
75 g saure Sahne
1 Prise Salz
etwas Vanillemark oder Vanillezucker
¼ TL Zitronenabrieb

HOLUNDERKOMPOTT
500 g Holunderbeeren
1 Apfel, geschält, entkernt, in 1 cm große Würfel geschnitten
1 Birne, geschält, entkernt, in 1 cm große Würfel geschnitten
8 Pflaumen, entkernt, geviertelt
Abrieb von 1 Bio-Zitrone
Abrieb von 1 Bio-Orange
4 EL Rohrohrzucker
4 cm Zimtrinde
2 Gewürznelken
100 ml Rotwein
1 TL Maisstärke

Ghee zum Ausbacken

Posterzipf – eine österreichische Spezialität. Es handelt sich um gefüllte oder ungefüllte Teigtäschchen, die entweder frittiert oder gebacken werden.

DAUER 60 Min. **SCHWIERIGKEIT** mittel

1. Für die Polsterzipf alle Zutaten rasch verkneten, Teig danach mit Frischhaltefolie bedecken und 30 Min. im Kühlschrank ruhen lassen.

2. Für das Holunderkompott alle Zutaten (außer Maisstärke) mit 100 ml Wasser in einen Topf geben und 40 Min. köcheln lassen.

3. Zum Binden Maisstärke mit 2 EL Wasser verrühren und zügig mit einem Kochlöffel in das Holunderkompott einrühren. Einmal aufkochen lassen, danach in eine Schüssel umfüllen.

4. Teig 3 mm dick ausrollen und in Quadrate von 4 cm schneiden. Jedes Quadrat diagonal halbieren, sodass Dreiecke entstehen.

5. Nun entweder den Teig schwimmend in heißem Ghee ausbacken oder ein Backblech mit Backpapier auslegen und die Teigdreiecke im vorgeheizten Ofen bei 180 °C ca. 20 Min. backen.

TIPP: Holunderkompott können Sie auch ohne Apfel, Birne und Pflaumen kochen, mir schmeckt aber diese Variante besser. Anstatt Polsterzipf können Sie auch Quarkcreme reichen (s. S. 195).

GEWÜRZKAFFEEMOUSSE
MIT QUITTENRAGOUT

ZUTATEN für 6 Portionen

QUITTENRAGOUT
3 Quitten, geschält, entkernt und in 5 mm große Würfel geschnitten
2 EL brauner Zucker
1 Msp. Vanillemark

GEWÜRZKAFFEEMOUSSE
½ l Ayurvedischer Gewürzkaffee, s. S. 215, nicht abgeseiht
250 ml Sahne
3 Blatt Gelatine
100 g Milchschokolade
50 g Zartbitterschokolade
1 Ei
1 Eigelb
1 Prise Salz

2 Blätter Strudelteig
flüssiges Ghee zum Bestreichen
Puderzucker zum Bestreuen

TIPP: Das Mousse ohne Gewürzkaffee, nur mit Schokolade zuzubereiten und als Beilage Kardamombeeren (s. S. 204) reichen – eine schöne Alternative für Frühling und Sommer.

DAUER 60 Min. **SCHWIERIGKEIT** aufwendig

1. Für das Quittenragout alle Zutaten mit 200 ml Wasser in einen Topf geben und 30 Min. leicht köcheln. Sollten die Quitten dann noch nicht weich sein, weiterköcheln lassen, eventuell etwas Wasser zugießen.

2. Ayurvedischen Gewürzkaffee kochend auf 100 ml einreduzieren, danach abseihen und abkühlen lassen. Sahne halbfest aufschlagen. Gelatine in kaltem Wasser einweichen.

3. Schokolade in eine hitzebeständige Schüssel geben und im Wasserbad schmelzen. Sie sollte nicht zu heiß werden.

4. Ei, Eigelb und Salz in einer Metallschüssel verrühren, dann im Wasserbad schaumig aufschlagen. Das geht sehr rasch – Vorsicht, damit das Ei nicht stockt. Anschließend die Schüssel aus dem Wasserbad nehmen und die Masse kalt schlagen.

5. Flüssige Schokolade mit einem Schneebesen in die Eimasse einrühren, danach Kaffee dazugeben und gut verrühren.

6. Gelatine aus dem Wasser nehmen, gut ausdrücken. In einem kleinen Topf mit 1 TL Wasser vorsichtig erwärmen – es darf nicht kochen.

7. Gelatine mit 1 EL geschlagener Sahne verrühren und in die Schokolade-Ei-Masse einrühren. Danach restliche Sahne unterheben, Mousse in eine Schüssel umfüllen und mindestens 4 Std. in den Kühlschrank stellen.

8. Backblech mit Backpapier auslegen und den Backofen auf 200 °C vorheizen. Strudelteigblatt mit Ghee bestreichen, danach in 16 Teile schneiden oder rund ausstechen und auf das Backblech geben. Kräftig mit Puderzucker bestreuen und auf der obersten Schiene im Ofen ca. 4 Min. backen. Dabei soll der Zucker karamellisieren. Dann auskühlen lassen.

9. Mousse in einen Spritzbeutel mit Tülle füllen. Wichtig ist, nun alles gleich auf dem Teller und in letzter Sekunde anzurichten, da ansonsten der Strudelteig zu sehr aufweicht. 1 Strudelteigblatt auf den Teller geben und Mousse aufdressieren, danach wieder ein Teigblatt usw.

KÜRBISKERNPARFAIT
MIT KARDAMOMBEEREN

ZUTATEN für 6 Portionen

PARFAIT
100 g Kürbiskerne
80 g brauner Zucker, zum Karamellisieren
2 Eier
2 Eigelb
60 g brauner Zucker
1 Msp. Vanillemark
1 Prise Salz
500 ml Sahne, aufgeschlagen
3–4 EL Kürbiskernöl

KARDAMOMBEEREN
1 TL Ghee
Samen von 6 grünen Kardamomkapseln, gemörsert
60 ml Orangensaft
60 ml Rotwein
Abrieb von ½ Orange
1 TL brauner Zucker
½ TL Maisstärke
400 g gemischte frische Beeren

DAUER 40 Min. **SCHWIERIGKEIT** mittel

1. Für den Krokant ein kleines Backblech oder eine ofenfeste Pfanne mit Backpapier bis über den Rand auslegen. Kürbiskerne darin verteilen. In einem kleinen Topf Zucker karamellisieren und danach vorsichtig über die Kürbiskerne gießen. Vollständig auskühlen lassen, in der Küchenmaschine reiben oder in einen Gefrierbeutel geben und mit dem Rollholz zerkleinern.

2. Eine kleine Kastenform innen befeuchten und mit Frischhaltefolie auslegen.

3. Eier, Eigelb, Zucker, Vanille und Salz in einer hitzebeständigen Schüssel über Wasserdampf mit einem Schneebesen aufschlagen. Sobald die Masse warm ist, Schüssel vom Dampf nehmen und kalt schlagen. Sahne, Krokant und Kernöl unterheben und in die vorbereitete Form füllen. Über Nacht in den Gefrierschrank geben.

4. Für die Beeren Ghee erhitzen, Kardamom leicht anrösten und mit Orangensaft und Rotwein aufgießen. Orangenschale und Zucker beigeben und einmal aufkochen lassen.

5. Zum Binden Maisstärke mit 2 EL Wasser verrühren und mit einem Schneebesen in die Flüssigkeit einrühren. Noch einmal aufkochen lassen, danach heiß über die Beeren gießen und vorsichtig verrühren.

6. Das Parfait beliebig aufschneiden, auf Teller anrichten und etwas Kürbiskernöl darüberträufeln.

TIPP: Dies ist die Grundmasse für ein Parfait, Sie können es individuell abwandeln. Zum Beispiel mit Nusskrokant, Fruchtmark oder Schokolade. Statt Beeren können Sie auch Orangen, Pfirsiche oder Ananas verwenden. Die Kürbiskernkekse (Foto) sind eine Abwandlung der Ingwer-Schokoladen-Kekse (s. S. 198).

GETRÄNKE

Marcels Muntermacher

Ingwer-Sirup

Lavendel-Limetten-Sirup

Holunderblüten-Sirup
mit Zitronenthymian

Agni-Trunk

Masala Chai (Indischer Gewürztee)

Ayurvedischer Gewürzkaffee

MARCELS MUNTERMACHER

ZUTATEN für 1 großes Glas

2 EL Ingwer-Sirup, s. unten
2 Scheiben frischer Ingwer, geschält
2 Scheiben Zitrone
frische Kräuter (Minze, Melisse, Thymian, Basilikum)
400 ml Sodawasser
Eiswürfel, optional

DAUER 5 Min. **SCHWIERIGKEIT** einfach

1. Sirup, Ingwer, Zitrone und Kräuter in ein großes Glas geben und mit Sodawasser aufgießen.

Das Heurigenlokal von Tanja und Thomas Müllner – kurz „Die Gaumenfreunde" – besuche ich immer wieder gerne. Sie haben ihr Lokal auch für das Fotoshooting zur Verfügung gestellt. Ein herzlicher Dank an dieser Stelle. Marcel, ein Mitarbeiter, hat dieses köstliche Getränk kreiert.

INGWER-SIRUP

ZUTATEN für 1,5 l Sirup

1 l Wasser
300 g Ingwer, geschält und in feine Scheiben geschnitten
Saft von 4 Bio-Zitronen
2 Bio-Zitronen, in Scheiben geschnitten
600 g Rohrohrzucker

TIPP: Der Sirup eignet sich perfekt als Erfrischungsgetränk mit Wasser oder im Agni-Trunk (s. S. 213). Die Hälfte der Zitronen kann durch Limetten ersetzt werden. Sie können auch eine Handvoll Minze oder Melisse in den Ansatz geben und mitziehen lassen.

DAUER 30 Min. + 12 Std. zum Ziehen
SCHWIERIGKEIT einfach

1. Wasser mit Ingwer in einem Topf aufkochen und danach 15 Min. zugedeckt köcheln lassen.

2. Zitronensaft und Zitronen hinzugeben, abdecken und über Nacht ziehen lassen.

3. Am nächsten Tag abseihen und mit dem Zucker nochmals aufkochen. Dieser soll sich dabei auflösen.

4. Noch heiß in saubere Flaschen abfüllen und kühl lagern.

LAVENDEL-LIMETTEN-SIRUP

ZUTATEN für 1,5 l Sirup

3 Bio-Limetten
1 l Wasser
700 g Rohrohrzucker
5 EL getrocknete Bio-Lavendelblüten oder 3 Handvoll frische Bio-Lavendelblüten

DAUER 20 Min. + 2–48 Std. zum Ziehen
SCHWIERIGKEIT einfach

1. Limetten auspressen und danach vierteln.

2. Wasser mit Zucker aufkochen und 3 Min. köcheln lassen – der Zucker soll sich auflösen. Danach abkühlen lassen, Limettensaft, Limetten und Lavendel zugeben.

3. Wenn Sie getrockneten Lavendel verwenden, reicht es, ihn 2 Std. ziehen zu lassen. Mit frischen Blüten zugedeckt und kühl 2 Tage ziehen lassen.

4. Ein Sieb mit einem Küchentuch auslegen und den Sirup in einen Topf abseihen. Nochmals aufkochen und noch heiß in saubere Flaschen abfüllen.

TIPP: Der Sirup sollte sparsam dosiert werden, da er sehr aromatisch ist. Er schmeckt köstlich, aufgespritzt mit Wasser, mit Weißwein und Wasser oder in einem Glas Sekt.

HOLUNDERBLÜTEN-SIRUP
MIT ZITRONENTHYMIAN

ZUTATEN für 1,5 l Sirup

4 Bio-Zitronen
1 l Wasser
600 g Rohrohrzucker
8 gr. Holunderblütendolden
2 Handvoll Zitronenthymian-Zweige

TIPP: Konfitüren und Salatdressings lassen sich mit dem Sirup verfeinern.

DAUER 30 Min. + 48 Std. zum Ziehen
SCHWIERIGKEIT einfach

1. Zitronen auspressen und danach vierteln.

2. Wasser mit Zucker aufkochen und danach auskühlen lassen.

3. Blüten, Zitronenthymian, Zitronensaft und Zitronen zugeben. Zugedeckt und kühl 2–3 Tage ziehen lassen.

4. Ein Sieb mit einem Küchentuch auslegen und den Sirup in einen Topf abseihen. Nochmals aufkochen und noch heiß in saubere Flaschen abfüllen.

AGNI-TRUNK

ZUTATEN für 1 Person

80 ml Wasser
½ TL Kreuzkümmelsamen, ganz
4 Pfefferkörner
1 gr. Scheibe Ingwer
1 Prise Salz

DAUER 10 Min. **SCHWIERIGKEIT** einfach

1. Alle Zutaten in einem kleinen Topf aufkochen und einige Minuten köcheln lassen.

2. Abseihen und schluckweise trinken.

TIPP: 10 Min. vor der Hauptmahlzeit schluckweise getrunken, regt dieser kleine „Aperitif“ unser Verdauungsfeuer an.
Am besten immer frisch zubereiten.

TIPP: Das ist ein Original Chai. Das Rezept lässt sich vielseitig abwandeln. Sie können den Chai ohne Schwarztee zubereiten, den Zucker reduzieren, statt Milch einen Schuss Sahne verwenden oder was immer Ihnen so einfällt. Auch was die Gewürze betrifft, können Sie hier flexibel sein. Selbstgemacht schmeckt dieser Tee wirklich gut und ist genau richtig als Energiespender am Nachmittag, der Körper, Geist und Seele gleichermaßen nährt.

MASALA CHAI (INDISCHER GEWÜRZTEE)

ZUTATEN für 4 große Tassen

6 grüne Kardamomkapseln
2 cm Zimtrinde
2 Gewürznelken
3 Pfefferkörner
¼ TL Fenchelsamen
1 Zacken Sternanis
1 l Wasser
2 TL Schwarztee oder 3 Teebeutel
200 ml Milch
4 TL Rohrohrzucker
aufgeschäumte heiße Milch, optional

DAUER 15 Min. **SCHWIERIGKEIT** einfach

1. Gewürze in einem Mörser grob zerstoßen.

2. Wasser mit den Gewürzen in einem Topf zum Kochen bringen und einige Minuten köcheln lassen.

3. Schwarztee hinzugeben und bei geringer Hitze 5 Min. ziehen lassen.

4. Milch und Zucker hinzufügen und einmal leicht aufkochen lassen.

5. Durch ein Sieb in eine Kanne oder einzelne Tassen gießen. Eventuell aufgeschäumte Milch auf den Tee geben.

AYURVEDISCHER GEWÜRZKAFFEE

ZUTATEN für 4 große Tassen

4 grüne Kardamomkapseln
1 TL Koriandersamen
8 schwarze Pfefferkörner
½ TL Fenchelsamen
1 Zacken Sternanis
2 Kakaobohnen
½ Tonkabohne
1 cm Zimtrinde
4 Pimentkörner
2 Gewürznelken
½ kl. getrocknete Chilischote, optional
1 l Wasser
1 Prise Salz
80 g Kaffee, gemahlen

DAUER 20 Min. **SCHWIERIGKEIT** einfach

1. Gewürze in einem Mörser grob zerstoßen.

2. Wasser mit Salz aufkochen, Gewürze hinzugeben und einige Minuten köcheln lassen.

3. Wichtig: Topf vom Herd nehmen und erst dann Kaffeepulver mit einem Holzlöffel einrühren. Wird das Kaffeepulver in das kochende Wasser eingerührt, kocht dieses über. Danach Topf zurück auf den Herd stellen und 2 Min. köcheln lassen. Abseihen und genießen.

Der bei uns übliche Kaffee wirkt erhitzend und säuernd. Diese Eigenschaften sind beim Ayurvedischen Kaffee – die Zubereitungsform ähnelt dem türkischen Mokka – nahezu neutralisiert. Durch das Aufkochen wird die Säure des Kaffees abgebaut und er ist daher sehr mild. Der erste Schluck ist möglicherweise etwas gewöhnungsbedürftig, aber geben Sie ihm eine zweite Chance. Die Gewürze können gerne variiert werden, Kardamom, Koriander und schwarzer Pfeffer sollten aber dabei sein.

Ein leichter Kaffeesatz bleibt immer in der Tasse, das lässt sich leider nicht vermeiden. Den Kaffee entweder schwarz oder mit etwas Rohrohrzucker und/oder einem Schuss Sahne genießen.

ANHANG

REZEPTVERZEICHNIS

LITERATUREMPFEHLUNGEN

Ulrike Bültjer: Lexikon der Kräuter & Gewürze, 2015, Bassermann Verlag

Vasant Lad: Selbstheilung mit Ayurveda: Das Standardwerk der indischen Heilkunde, 2010, O.W. Barth Verlag

Vasant Lad und David Frawley: Die Ayurveda-Pflanzenheilkunde – Der Yoga der Kräuter, 2011, Verlag Windpferd

Petra Müller-Jani und Joachim Skibbe: Backen nach Ayurveda – Brot, Brötchen & Pikantes: vollwertig & individuell, 2013, pala verlag gmbh

Petra Müller-Jani und Joachim Skibbe: Backen nach Ayurveda – Kuchen, Torten & Gebäck: eifrei und vollwertig, 2013, pala verlag gmbh

Jill Norman: Das große Buch der Gewürze, 2004, AT-Verlag

Hans H. Rhyner und Kerstin Rosenberg: Das große Ayurveda-Ernährungsbuch: Gesund leben und genussvoll essen, 2013, Verlag Königsfurt Urania

Kerstin Rosenberg: Die Ayurveda-Ernährung: Heilkunst und Lebensenergie mit wohltuenden Rezepten zur Gesundheitsstärkung. 2011, 4. Aufl., Südwest Verlag

Kerstin Rosenberg und Tanuja Nasari: Ayurveda heilt: Ernährung als Medizin, 2015, Südwest Verlag

Ernst Schrott: Ayurveda für jeden Tag: Die sanfte Heilweise für vollkommene Gesundheit und Wohlbefinden, 1998, 8. Aufl., Goldmann Verlag

Janesh Vaidya: Die mentale Kraft des Ayurveda: Selbstheilungs-Techniken und geistige Prinzipien für Gesundheit, Vitalität und Lebensglück, 2016, Lotos Verlag

STICHWORTVERZEICHNIS

DIE AUTORIN

EVA KOPPENSTEINER

Mit 15 Jahren begann ich meine Kochlehre und seitdem lässt mich die Leidenschaft zu kochen nicht mehr los. Nach der Lehre habe ich mit großer Freude und Enthusiasmus unter anderem im 5* Hotel Arlberg in Lech am Arlberg, bei Do&Co Eventcatering und im 4*s Verwöhnhotel Berghof gekocht.

Während eines Urlaubs auf Mallorca kam ich das erste Mal mit der ayurvedischen Küche in Berührung. Obwohl ich von Ayurveda überhaupt keine Ahnung hatte – mir die Homepage dieser Finca aber so gut gefallen hat –, habe ich mich voll und ganz auf diese Kur eingelassen und war von der ayurvedischen Küche und den Massagen fasziniert. Dennoch dauerte es noch ein gutes Jahr, ehe ich mich entschloss, den „normalen" Küchenalltag hinter mir zu lassen und mich neu zu orientieren. Das hat im Gasthaus Siebenhandl in der Nähe meines Wohnortes nahe Krems a.d. Donau (Wachau) sehr gut funktioniert und so entschloss ich mich, tiefer einzutauchen und eine Ausbildung zur Ayurvedaköchin zu beginnen. Wie es der Zufall wollte, begann kurz darauf der erste Lehrgang von Gabriel Simon-Pinero, einem bekannten Ayurvedakoch, in Süddeutschland. Gabriel war jahrelang Küchenchef im Ayurveda- und Yogaausbildungszentrum von Andreas Schwarz im Allgäu, ehe er begann, Ayurvedaköche auszubilden und weitere Seminare anzubieten. Bei Gabriel haben wir den ganzen langen Tag gekocht und dazwischen die Grundlagen des Ayurveda in der Theorie behandelt. Während es in den Kochtöpfen gedampft hat, hat es in meinem Kopf von den Elementen, Doshas und Geschmäckern nur so geraucht.
Das Feuer in mir war entfacht und meine Erfahrungen gebe ich heute in Kochkursen der ayurvedischen Küche weiter.

Aber es war erst der Beginn: Ich wollte tiefer in die Welt des Ayurveda eintauchen, um all die körperlichen und geistigen Zusammenhänge zu verstehen.
Kerstin Rosenberg, die international bekannte Spezialistin für Ayurveda, hervorragende Köchin und Autorin vieler Bücher, leitet gemeinsam mit ihrem Mann die Europäische Akademie für Ayurveda in Birstein (D), eines der größten Ayurveda-Ausbildungs-Institute außerhalb Indiens. Ob man sich nun schon länger mit Ayurveda beschäftigt oder gerade erst beginnt, die meisten Wege führen zu den beiden. So auch mich.
In einer Jahresausbildung habe ich Lehrgänge zur Ernährungs- und Gesundheitsberaterin nach Ayurveda besucht und erfolgreich abgeschlossen.

Dass mir das Kochen am Herzen liegt und dass es mich mein Leben lang begleitet – das zeigt meine Biografie. Sie zeigt aber auch, dass die Welt des Kochens und Essens unglaublich reich an Erfahrungs- und Gestaltungsmöglichkeiten ist. Darum ist es mir ein besonderes Anliegen, Menschen den „Genuss des Kochens" näherzubringen.

WWW.EVAKOPPENSTEINER.AT

DANKSAGUNG

Ein Kochbuch zu schreiben bedeutet gemeinsam eine Idee zu verwirklichen und ist nur in einem guten Team und mit Freunden an deiner Seite zu realisieren.

Ich möchte Ihnen alle Beteiligten namentlich vorstellen:

Andrea Deisenberger – Andrea hat mit mir gekocht und ist immer zur Stelle, wenn der Hut brennt. Wir kennen uns schon seit 20 Jahren und hatten im gleichen Betrieb unsere Lehrausbildung.

Michaela und Hannes Eichinger – durch eure Fotos ist das Buch lebendig geworden. Ich schätze euch sehr für euer Engagement, eure Ruhe und Ideen.
www.hanneseichinger.at

Melanie Follmer – versteht Keramik als Teil der Esskultur, nach dem Motto „ein schöner Teller macht jede Mahlzeit rund". Melanie hat uns ihre handgemachte Keramik zur Verfügung gestellt.
www.3punktf.de

Tanja und Thomas Müllner – Gastgeber und Winzer aus Leidenschaft, in ihrem wunderschönen Lokal und im Garten durften wir die Fotos für das Buch machen.
www.diegaumenfreunde.at

Sigrid Neulinger – Programmleitung für Medizin und Naturwissenschaften im facultas/maudrich Verlag, hat das Projekt vom Anfang bis zur Fertigstellung bestens betreut. Ich habe mich sehr wohl gefühlt und es war eine Zusammenarbeit auf Augenhöhe.
www.facultas.at

Kay Penndorf und Britt Hansen – unser Grafiker (von Britt Hansen kreativ unterstützt) sprüht vor tollen Ideen. Vom wunderschönen und ansprechenden Cover bis hin zum übersichtlichen (in meinen Worten „aufgeräumten") Layout des Rezeptteils, das mir so wichtig war. Dank ihm ist das Buch so geworden, wie es jetzt ist.
www.pendesign.info & www.britthansen.de

Sebastian Schinko – mein Cousin und begnadeter Koch. Er hat sehr viele Gerichte für das Fotoshooting zubereitet und stand mit Rat und Tat zur Seite. Sebastian ist unglaublich kreativ und liebt seinen Beruf.

Edith Schipani-Surböck – war an Michaelas und Hannes Seite und sobald ein Foto fertiggestellt war, hatte sie bereits alles abgeräumt und alles für das nächste Foto vorbereitet. Edith lebt ihre Leidenschaft – nämlich das Trommeln und Trommeln bauen.
www.dietrommlerin.at

Jan Schleifer – Buchautor und mein Coach, der mit Engelsgeduld immer an dieses Buch geglaubt hat.
www.janschleifer.com

Roland Surböck – Sebastians rechte Hand und Ruhepol an den Fototagen. Roland hat eine Räuchermanufaktur und stellt hochwertigstes Räucherwerk selbst her.
www.schwingungs.com

Katharina Wind – liebt als Lektorin (allg. Teil) die Sprache und genießt es, Wörter bestmöglich klingen zu lassen.

DAS TEAM HINTER DEN FOTOS...

LEBENS.QUALITÄT

Die Arbeit mit und in der Natur bedeutet für uns Lebensfreude pur. Ein Ansatz, den wir gerne an unsere Gäste weitergeben. Die Pflege unserer Rebstöcke und unserer Landwirtschaft liegt uns am Herzen. Wir übernehmen Verantwortung und verwöhnen unsere Gäste mit schmackhaften Weinen und genussvollen Speisen.

SPEZIALITÄTEN.REICH

Heimische Köstlichkeiten, frische Gewürze und geschmackvolle Weine: Das sind die Zutaten für unser Heurigenrestaurant und unseren Ab-Hof-Laden GAUMEN. REICH. Weg vom Fast-Food, hin zum bewussten Genießen, lautet die Devise!

Wir freuen uns auf Ihren Besuch.

WWW.DIEGAUMENFREUNDE.AT

BILDVERWEISE

Coverfotos: © Hannes Eichinger;
S. 3, 6, 7, 9, 26, 45, 54, 61, 65, 77, 79, 82, 88, 105, 108, 112, 125, 135, 144, 147, 166, 171, 177, 186, 188, 189, 198, 227: © INDECcraft_istockphoto.com; S. 4, 5, 11: © Nataliia Pyzhova_stock.adobe.com; S. 12: © Elena Ray_stock.adobe.com; S. 16, 18, 19, 20: © voinSveta_istockphoto.com; S. 23: © grafikazpazurem_istockphoto.com; S. 28: © Nailia Schwarz_stock.adobe.com; S. 32: © somegirl_stock.adobe.com; S. 37, 57, 66, 70–71, 80, 92, 94–95, 97, 98, 100, 102, 106–107, 109, 110, 113, 114, 118–119, 122, 131, 132, 136–137, 139, 140, 145, 146, 148, 150–151, 153, 156, 159, 160, 162, 163, 164–165, 167, 170, 173, 174, 176, 179, 180–181, 183, 184, 187, 190–191, 195, 196, 200, 203, 205, 206–207, 209, 210, 212, 214, 216, 225, 228, 229, 230, 231: © Hannes Eichinger; S. 40: © pilipphoto_stock.adobe.com; S. 42: © cookedphotos_istockphoto.com; S. 48: © bhofack2_istockphoto.com; S. 50: © barmalini_istockphoto.com; S. 63: © Grecaud Paul_stock.adobe.com; S. 69: © fcafotodigital_istockphoto.com; S. 73: © IriGri8_istockphoto.com; S. 83: © marylooo_istockphoto.com; S. 84: © subodhsathe_istockphoto.com; S. 86: © misszin_istockphoto.com; S. 89: © svariophoto_istockphoto.com; S. 90: © OksanaKiian_istockphoto.com; S. 121: © KarpenkovDenis_istockphoto.com; S. 126: © peredniankina_istockphoto.com; S. 142: © vaaseenaa_istockphoto.com; S. 193: © Mariha-kitchen_istockphoto.com; S. 199: © gojak_istockphoto.com.

Bibliografische Information der Deutschen Nationalbibliothek
Die Deutsche Nationalbibliothek verzeichnet diese Publikation in der Deutschen Nationalbibliografie; detaillierte bibliografische Daten sind im Internet über http://dnb.d-nb.de abrufbar.

Druck: Finidr, Tschechien
ISBN 978-3-99002-086-9